Mutlu Çocuk & Mutsuz Çocuk

Mutlu Çocuk Yetiştirmenin Sırları & Çocukluk ve Ergenlik Döneminde Depresyonun Özellikleri

Bu kitabın içeriği genel bilgi verme amacıyla hazırlanmıştır. Hastalıkların kesin tanı ve tedavisi, hiçbir şekilde ayrıntılı klinik muayene gerçekleşmeden yapılamaz. Her bireyin rahatsızlığının tedavisinin özgün olduğu unutulmamalıdır.

MUTLU ÇOCUK & MUTSUZ ÇOCUK
Mutlu Çocuk Yetiştirmenin Sırları &
Çocukluk ve Ergenlik Döneminde Depresyonun Özellikleri

Yazan: Prof. Dr. Eyüp Sabri Ercan-Prof. Dr. Atilla Turgay

1. baskı / Ağustos 2009
4. baskı / Nisan 2014 / ISBN 978-605-111-301-2
Sertifika no: 11940

Kapak tasarımı: Geray Gençer
Baskı: Görsel Dizayn Ofset Matbaacılık Tic. Ltd. Şti.
Atatürk Bulvarı Deposite Alışveriş Merkezi A5 Blok
4. Kat No: 405 İkitelli OSB - Başakşehir / İSTANBUL
Tel: (212) 671 91 00
Sertifika no: 16269

Doğan Egmont Yayıncılık ve Yapımcılık Tic. A.Ş.
19 Mayıs Cad. Golden Plaza No. 1 Kat 10, 34360 Şişli - İSTANBUL
Tel. (212) 373 77 00 / Faks (212) 355 83 16
www.dogankitap.com.tr / editor@dogankitap.com.tr / satis@dogankitap.com.tr

Mutlu Çocuk & Mutsuz Çocuk

Mutlu Çocuk Yetiştirmenin Sırları & Çocukluk ve Ergenlik Döneminde Depresyonun Özellikleri

Prof. Dr. Eyüp Sabri Ercan
Prof. Dr. Atilla Turgay

DK
DOĞAN KİTAP

Dr. Eyüp Sabri Ercan bu kitabı, ablası Doç. Dr. Emine Ercan'a
ve onun gibi Türk bilimini tüm dünyada üstün başarılarla
temsil eden gerçek bilim adamlarımıza
ithaf eder.

Dr. Atilla Turgay bu kitabı, gelişimine, öğrenmesine katkıda
bulunan başta tüm aile üyeleri olmak üzere, öğretmenlerine,
öğrencilerine ve kendine çok şeyler öğreten tüm hastalarına
ithaf eder.

İçindekiler

Değerli Okur,

Günümüzde zenginlik, başarı ve popülerlik en önemli değerler gibi gösterilse de aslında insanoğlu için en temel amaç her zaman mutluluk olmuştur. Her insan için farklı olsa da genel olarak mutluluk, "insanın yaşıyor olmaktan memnuniyet duyması, yaşamını sürdürecek bir işinin bulunması, sevme yetisinin olması, kendine olan sevgi ve saygısı ile yaşam kalitesinin yüksekliği" olarak tanımlanabilir. Melanie Klein, mutluluğu "insanın olumlu ilişkilerinin ve başarılarının zihnine yansıdığı bir duygu durumu" olarak tanımlamıştır.

Bizler mutlu olmayı kendimize ve birbirimize ne kadar zorlaştırırsak zorlaştıralım çocukların dünyası çok farklıdır. Yaşam onların yüreklerine yetişkinlerin para, güç gibi "değer"lerini sokana kadar çocuklar âdeta mutlu olmaya programlıdırlar. Bir bebeğin mutlu olması için fazla şeye ihtiyacı yoktur. Örneğin, saklanıp "Ce!" deseniz mutluluktan uçar ya da eliyle ağzından çıkardığı köpükçüklere vurması başlı başına mutluluk verici bir oyundur onun için. Ancak yıllar ilerledikçe bazıları için mutluluk verici şeyler giderek uzaklaşırken mutsuz eden şeyler çoğalabilmektedir. Ergenlerde çocuklardan, çocuklarda ise bebeklerden daha sık mutsuzluk durumu görülür.

Çocuklarımızın mutluluk ya da mutsuzluğun biyolojik, psikolojik, çevresel, toplumsal ve kültürel sayısız etkene bağlıdır. Bu etkenlerin içinde bizim değiştirebileceklerimiz olduğu gibi pek etki edemeyeceklerimiz de bulunmaktadır. Bu kitapta size çocuğunuzun mutlu olabilmesi için neler yapabileceğinizi anlattık. Ayrıca çocuğunuzun ne kadar mutlu ne kadar mutsuz olduğunu anlayabilmeniz için mutlu ve mutsuz çocuklarda görülen belirtileri yazdık. Çocukluk ve gençlikte görülen depresyonun ve depresyonla ilgili bozuklukların özelliklerini, ne gibi yollarla gelişimlerinin önlenebileceğini ve etkin biçimde nasıl tedavi edilebileceğini gözden geçirdik.

Kitabın yazarları olan bizler Eyüp Sabri Ercan ve Atilla Turgay yıllardır çocuk ve ergen psikiyatristleri olarak Türkiye, Kanada ve Amerika Birleşik Devletleri'nde çalışıyor, sık sık bir araya gelerek alanımızdaki gelişmeleri izlemeye ve paylaşmaya çaba gösteriyoruz. Yani bu kitap değişik ülkelerde görülen eğitimin ve edinilen deneyimlerin bir araya getirilmesiyle oluştu; umarız ki çocuklarımızın mutluluğuna katkıda bulunur ve mutsuzluğun, depresyonun önlenmesine ya da etkin bir biçimde tedavisine yardımcı olur. Tek bir çocuğun veya ergenin mutluluğuna ya da ana babasının bilgilerinin ve güvenlerinin artmasına katkımız olursa bizler çok mutlu olacağız.

Prof. Dr. Eyüp Sabri Ercan ve
Prof. Dr. Atilla Turgay
Mart 2009, İzmir-Toronto

1. bölüm

Mutlu çocuk & mutsuz çocuk

Bebeklikte, çocuklukta, ergenlikte mutluluk ve mutsuzluk

Çocuk denince akla umut, cıvıl cıvıl bir enerji, anlık sevinçler ve üzüntüler yaşayan coşkulu bir varlık, hayatın masum ve güzel yanı gelir. En içten duyguları "çocukça" sözcüğüyle anlatırız: çocukça sevgi, çocukça heyecan, çocukça iyimserlik. Hep mutlu olsun isteriz dünyadaki bütün çocuklar; hele kendi çocuklarımızın mutlu olması için neler vermeyiz. Elimizden geldiğince çabalarız onların mutlulukları için. Ama bütün çocuklar "mutlu çocuk" olmaz ne yazık ki. Birçok çocuk uzun süren mutsuzluk hatta depresyon geliştirebilir.

Mutsuzluk, depresyon ya da üzüntü ise çocuksu coşkunun tam tersi, yaşamın karanlık yüzüdür. Umutsuzluğun, kendini değersiz hissetmenin, durgunluğun ve çökkünlüğün ifadesidir. "Beni en güzel günümde tarifsiz bir keder alır" mısraı, şairin mutsuzluğu, ruhsal çöküntüyü, depresyonu ve bunların yaşattığı dayanılmaz duyguları özetlemesidir.

Çocuk ve mutsuzluk sözcükleri, birbirine bu kadar zıt iki durum, ne yazık ki bir araya gelebilmektedir: Çocuklukta depresyon. İnanması güç ama her yüz çocuk ile her yirmi ergenden birisi yaşamı, öğrenmeyi ve ilişkileri hem ciddi biçimde hem de uzun süreli etkileyen ve kolaylıkla ortadan kaldırılamayan bir mutsuzluk içindedir. Diğer bir deyişle depresyon yaşamaktadır. Yani "insanın ruhuna tarifsiz kederler yaşatan" depresyon pek çok çocuk ve gençte görülmektedir. Bu durumun en üzücü yanı, çocukluk ve ergenlik döneminde depresyon genellikle tanınamadığı için çocuklar ile gençlerin depresyonu yardımsız ve tedavisiz yaşamak zorunda kalmalarıdır. Çünkü çoğu insan bir çocuğun mutsuz olabileceğine pek inanamaz. Çocuklukta depresyonun belirtileri toplumun büyük bir kesiminde bilinmez. Böylece, depresyonu ayırt etme ve depresyondaki çocuklar ile gençlere yardım edebilme olanağı bir hayli güçleşir. Daha da kötüsü "yediği önünde yemediği arkasında ne diye mutsuz olsun ki" gibi önyargılar çocuk ve ergenlerin mutsuzluklarının anlaşılmasını fazlasıyla zorlaştırır. Ne yazık ki çocuklar ile gençlerdeki depresyon, yaşamın en önemli gelişim dönemlerinde kazanılması gereken yeti ve becerileri olumsuz yönde etkilediğinden, erişkin yaşamda ilk kez kendini gösteren depresyonlardan hem daha ciddi hem de daha ağır bir gelişim gösterebilir.

Çocukluktaki mutluluk ya da mutsuzluk yaşamı nasıl etkiler?

"Çocukluktaki mutluluk ya da mutsuzluk yaşamı nasıl etkiler?" sorusunun yanıtı oldukça kolaydır: Çocukluk ya da ergenlik döneminin mutlu geçmesi o çocuğun veya ergenin yaşamını çok olumlu, mutsuz geçmesi ise çok olumsuz yönde etkiler. Çünkü bir insanın ruhsal sağlığı bebeklikten yaşlılığa kadar birbirine bağlı halkalar gibi devam eder. Bebeklikteki sağlıklılık ya da sağlıksızlık çocukluğa, çocukluktaki ergenliğe, ergenlikteki erişkinliğe, derken yaşamın sonuna kadar sürer gider. Bir insanın ruhsal iyilik durumunun en büyük göstergelerinden olan mutluluk da böyledir. Mutlu bir bebeklik ve çocukluk yaşam boyu ruh sağlığının temellerini atar. Buna karşılık "mutsuz çocuk" için ergenlikte, "mutsuz genç" için erişkinlikte, "mutsuz erişkin" için yaşlılıkta ruhsal sıkıntılar yaşama riski bu dönemleri mutlu geçirenlere göre çok daha fazladır. Bu nedenle çocuklarımızın ileriki yaşamlarında ruh sağlığı yerinde bireyler olabilmeleri için mutsuzluktan korunmaları ya da mutsuzlukları varsa bunun en kısa zamanda ortadan kaldırılması gereklidir.

Mutlu ve mutsuz çocuğun özellikleri

İlerki sayfalarda bir bebeğin, çocuğun ve ergenin mutlu ya da mutsuz olduğunu gösteren genel özellikler sıralanmıştır. Bir bebek, çocuk ya da ergende mutluluk tarafındaki özelliklerin çoğunun görülmesi onun mutlu olduğunu düşündürür; bir iki mutsuzluk belirtisinin olması ise mutsuz çocuk olduğu anlamına gelmez.

Mutluluk ve mutsuzluk belirtileri birbirine yakınsa en iyisi bir profesyonelden yardım almaktır. Her çocuk, her genç ve her erişkin günün yaşam durumlarına bağlı olarak mutsuz tepkiler gösterebilir. Bu çok normaldir. Ancak, mutsuzluğun uzun sürmesi, ortadan kaldırılamaması, günlük yaşamı, okula ilgiyi, okuldaki başarıyı ve toplumsal ilişkiyi olumsuz yönde etkilemesi, mutsuzluğun önemli olduğunu, belki de depresyonun varlığını gösterebilir. Bebeklik, çocukluk ve ergenlik dönemlerindeki mutluluk ile mutsuzluk hakkında genel bir fikir sahibi olmak için bu üç dönemi biraz daha ayrıntılı inceleyelim.

Bebeklikte mutluluk ve mutsuzluk

Bebeklerde mutsuzluk çok nadir görülür. Mutsuzluğa yol açan en önemli neden, anne kaybı gibi çok şiddetli bir travmaya maruz kalmadır. Doğum süresi ya da doğum sonrası annelerden bazılarında depresyon görülebilir. Ciddi depresyon annenin bebek bakımını, bebekle olumlu duygusal bağlar kurmasını engelleyebilir. Bu bebeklerde de erken bebeklik depresyonu ya da bir çeşit anne yoksunluğu belirtileri görülebilir.

Bebeklerde depresyonun ilk anlaşılması anne babasını yitirdikten sonra yeterli bakım veremeyen yardım kuruluşlarında kalan bebeklerin gözlenmesiyle mümkün olmuştur. Kısacası çok şiddetli bir ilgisizlik ya da travma olmadıkça bebeklerde ciddi ve uzun süren mutsuzluk durumları pek görülmez.

Meraklı gözlerle çevreye bakınma, etraftaki nesneleri büyük bir merakla tanımaya çalışma sağlıklı ve mutlu bir bebeğin en önemli özelliğidir. Bebeklerde mutsuzluğu gösteren en önemli belirti ise bebeğin çevreye ilgisini yitirmesidir. Çünkü mutlu ve sağlıklı bir bebek sürekli çevresiyle ilgilenir, insanların da kendisiyle ilgilenmesinden hoşnut olur. Sevincini gülerek, isteklerini ağlayarak dile getirir. Depresyonlu bebeğin ise canlılığını ve sevinç duygularını gösteremeyişi dikkati çeker. Depresyondaki bebek çevresine karşı donuktur ve ağlama ya da gülme gibi tepkileri çok azalmıştır. Ağladığında ise yatıştırmak normal bir bebeğe göre çok zordur.

Mutsuz bir bebeğin bir diğer özelliği ise iştahsızlıktır. Ancak burada sözü edilen hemen her anne babanın yakındığı basit bir iştahsızlık durumu değil, yoğun bir beslenme sorunudur. Sıklıkla bu beslenme sorunu bebeğin bedensel ve ruhsal gelişimini geri bırakacak boyuttadır.

Çocuklarda mutluluk ve mutsuzluk

Mutlu bir çocuk ile mutsuz bir çocuğu en iyi ayıran özellik şudur: Mutlu bir çocukla zaman geçiren bir erişkin kendisini iyi hisseder. Mutsuz bir çocukla ise zaman geçirmek süre uzadıkça çok zor olmaya başlar. Zaten çocuğun mutsuz olduğu dönemde giderek yalnızlaşması beklenebilir bir durumdur. Mutsuz çocukların önemli özelliklerinden birisi de bu çocukların kolay kızmaları, kolay küsmeleri ve çeşitli davranış sorunları göstermeleridir.

Evet, mutlu bir çocukla vakit geçirmek çok hoştur. Çocukların doğasında olan iyilik, saflık ve coşku hali çocuktan yetişkinlere kolaylıkla yansır. Bizi eski günlerimize döndürüp, içimizi kıpırdatır. Hatta ruhsal durumumuzun uygun olduğu zamanlardaysak "çocukla çocuk olup" kendimizi oyuna bile kaptırabiliriz. Mutsuz olan çocuğun içindeki iyilik, saflık ve coşku durumu ise mutsuzluk tarafından örtülmüş, bastırılmış ve gizlenmiş gibidir. Çabalar mutsuz bir çocuğun uzunca bir süre keyifli bir ilişki sürdürmesine yetmez. Anne babaların depresyondaki çocukları için çok sık olarak söyledikleri "ne yapsam mutlu olmuyor" durumuna çabucak gelinir.

Oysa mutlu bir çocuk çok küçük bir şeyden bile hemen keyif alır. Çevresinde, anne baba ve kardeşlerinde geçici mutsuzluk gözleyen çocukların bu mutsuzluğu kaldırmak için çabaladıkları görülür. Mutsuz çocuklar ise başkalarının mutsuzluğuna duyarlılık gösterme ve mutsuzluğu kaldırma çabalarına yabancıdırlar.

Mutlu bir çocuk yaşadığı bir olumsuzluğa üzüldüğünde çok çabuk avutulabilir. Dr. Ercan'ın yaşadığı bir olayı bu duruma örnek olarak verebiliriz. Bir gün sevgili arkadaşım Baybars'ın oğlu Mert dört yaşındayken elini koşu bandına sıkıştırmıştı. Hemen en yakındaki bir sağlık kurumuna gittik. Canı çok yandığı için Mert ağlıyordu. Ama anne babasının sarılmasına ve sözlerine kendini kapatmıyordu. Yani anne babasının ilgisi Mert'in elinin acısını bir ölçüde hafifletiyordu. Eline pansuman yapan görevlinin olumlu yaklaşımı da Mert'e iyi gelmiş, onun ağlamalarını iyice seyrekleştirmişti. Giderken pansuman yapan görevli "Aferin, uslu durdun Mert" diyerek Mert'e bir iki sargı bezi verince Mert çok mutlu oldu. Unutamadığımız şey, dönüş yolunda Mert'in eliyle cebini yoklayıp ona hediye edilen sargı bezlerinin yerinde olup olmadığına bakması olmuştu. Belki de daha o anda evde o sargı beziyle oynayacağı oyunun hayalini kurmaya başlamıştı.

Ergenlik dönemi
Mutlu ergen - mutsuz ergen

Ergenliğin bir adının da "delikanlılık" olması şaşırtıcı değildir. Bedensel ve ruhsal olarak büyük değişimler geçiren ergenin heyecanı ve önüne koyduğu büyük hedefleri delikanlılık çağının göstergesidir. Çocukluktan çıkıp büyüdüğünü kanıtlamaya çalışan genç ile onun henüz hayata hazır olmadığını belirten anne baba arasında birtakım anlaşmazlıkların yaşanması kaçınılmazdır. Ancak normal bir ergen ile anne baba arasındaki çatışma kabul edilebilir boyuttadır. Tartışmaların boyutları hiçbir zaman evin huzurunu günlerce kaçıracak ölçüye varmamıştır. Yani ergenlik, aile yaşantısının tüm dengelerinin altüst olduğu bir dönem değildir. Eğer bu derece büyük anlaşmazlıklar yaşanıyorsa ergende ya da anne babada önemli bir sorun var demektir. Aslında bu sorunlardan en sık rastlananı depresyondur. Zaten çocukluğa oranla ergenlik döneminde depresyon görülme sıklığı daha fazladır ve ergenlik çatışmaları zannedilen pek çok sorun depresyondaki bir gencin kendi içinde yaşadığı mutsuzluğu ailesine yansıtması halidir.

2. bölüm

Anne baba mutlu bir çocuk yetiştirmek için neler yapabilir?

Çocuk ve ergenin mutluluğunu artırmak için neler yapmalı?

İlk bölümde mutlu çocuklar ile mutsuz çocukların özelliklerini gördük. Doğal olarak çocuğunuzun mutlu hatta çok mutlu olmasını bir kez daha istemişsinizdir. Biz de bu bölümde çocukların "mutlu çocuk" olması, olabildiğince depresyondan yani mutsuzluk hastalığından korunması için neler yapılması gerektiğini anlatacağız.

Anne babanın ruhen sağlıklı olması "mutlu çocuk" yetiştirmenin en önemli kurallarından biridir. Kendi ruh sağlığınıza, gerginlik ve baskı altında olup olmadığınıza ilgi gösterin. Kendinizi ruhsal olarak yorgun ya da sıkıntıda görüyorsanız hemen bir uzmandan yardım alın. "Şu işi bitireyim, hele çocuklar büyüsün, hele okulları bitsin" gibi erteleme çabaları hem kendi sağlığınızı hem de başta çocuğunuz olmak üzere tüm aile bireylerinin ruhsal durumunu olumsuz etkiler. Sadece ağır ruhsal sorunlar değil anne babanın gergin ya da baskı altında oluşu da çocuklara olumsuz biçimde yansır. Kendinize ve hobilerinize vakit ayırın. Kendinize ayırdığınız zamanın ailenizin mutluluğuna doğrudan katkısı olduğunu unutmayın. "Ben kendimi çocuklarıma adadım", "Ben kendim için değil ailem için yaşıyorum" gibi düşünceler de son derece zararlı olabilir. Birçok durumda kendisi sağlıklı olmayan bir anne babanın çocuklarına vereceği şey mutluluk değil, sadece ruhsal bir yüktür.

Özellikle yaşamın ilk yıllarında anne-çocuk ve baba-çocuk ilişkisi çok önemlidir. Bu dönemde çocuğunuza ilgiyi eksik etmeyin. Çocuğunuzla kuracağınız olumlu bir anne-çocuk ve baba-çocuk ilişkisi onun hayatı boyunca yaşama sıkı sıkıya sarılmasının en önemli basamağı olacaktır.

Çocuğumuzun genetik yapısının, mizacının ya da beyin kimyasının değişmesi mümkün değildir. Ancak ailede depresyon ve bipolar bozukluk başta olmak üzere psikiyatrik hastalığı olan bireyler bulunması durumunda dikkatli olunmalıdır. Ailenizde psikiyatrik bozukluğu olan bireyler varsa çocuklarınızda sizi kaygılandıran belirtileri görünce hemen bir uzmana danışın. Gerekirse bir çocuk psikiyatristinin çocuğu görmesine çalışın. Çocuk ruh sağlığı yaklaşım ve tedavileri kısa zamanda son derece olumlu sonuçlar verebilir.

Mümkün olduğunca çocuğunuza mutlu bir ev ortamı sağlamaya çalışın. Karı-koca ilişkilerindeki ve iş yaşamındaki sorunların çocuğunuzun mutluluğuna engel olmasına fırsat vermeyin. Sorunlarınızı çocuklarınızdan saklamak yerine onların anlayabileceği bir biçimde kısaca açıklayın. Unutmayın ki yaşamda en değerli şey kendimizin, çocuklarımızın ve diğer aile bireylerimizin sağlığı ve geleceğidir. Sayın Suna Kıraç'ın dediği gibi "krizler atlatılır, siyasi sorunlar çözülür ama çocukları harcanmış bir toplumu tekrar onarmak mümkün değildir". Bugün geriye dönme şansı olsa aklı başında herkes anne babasının kendisine han hamam, dükkân, ev bırakmasını değil çocukluğunda anne babasıyla daha çok vakit geçirmiş olmayı, onlarla geçirdiği mutlu zamanların daha fazla olmasını tercih eder. Bu nedenle ailemizin ve çocuklarımızın geleceği için çalışırken onlara zaman ayırmayı kesinlikle ihmal etmemeliyiz.

Çağımızda "mutlu çocuk" yetiştirmenin olmazsa olmaz kurallarından biri çocuğun düzenli spor yapmasını sağlamaktır. Bilimsel araştırmalar düzenli spor yapmanın her yaştaki bireyde ruh sağlığını olumlu etkilediğini göstermektedir. Zaten spor yapınca salgılanan endorfin adlı hormonun diğer adı "mutluluk hormonu"dur. Başka çocuklarla birlikte oynanan oyunlar ve yapılan spor etkinlikleri çocuğun toplumsallaşmasına, arkadaş kazanmasına yardımcı olacaktır. Yaşamın her döneminde mutluluk paylaşılan bir şeydir. Mutlu çocukların aradıkları, oynadıkları, sevdikleri arkadaşları vardır. Mutluluk ve sevgi, sevme ve sevilme birbirlerinden ayrılamayan şeylerdir.

Mutlu çocuk, yaptıkları onaylanan ve desteklenen çocuktur. Sık olarak eleştirilme ve utandırılma çocuğun mutluluğunu engeller. Çocuklarda öğrenme bozuklukları, dikkat eksikliği, hiperaktivite gibi eleştiriye yol açacak davranış bozuklukları görülebilir. Bu bozuklukların düzeltilmesinin yolu eleştiri değil, olanları anlamak ve tedavi etmektir. Çocuk mutsuzluğu ile çocuk ruh sağlığı sorunları ve bozuklukları arasında yakın ilişkiler vardır. Gelişim geriliği, öğrenme sorunları olan çocuklar başkalarından geri kalma duygusu içinde kendi benliklerinde zedelenmeye yol açabilirler.

Mutlu çocuk özgüveni yerinde olan ve yaşamla kendi başına baş etmeyi öğrenmeye başlayan çocuktur. Çocuğumuzla ilgilenirken onu aşırı ilgiyle boğmamaya dikkat etmeliyiz. Unutmayın, çocuğunuza ilgi göstermek ile onun yaşamını kontrol altında tutmak arasında önemli farklar vardır. Aşırı ilgi çocuğun bağımsızlık duygularını ve özgüvenini azaltır, ileride yaşamın zorluklarıyla tek başına mücadele etmesini engelleyebilir.

Genellikle bir çocuğun ya da ergenin yaşamını etkileyen anne babanın boşanması değil, boşanma sürecine kadar evde yaşanan huzursuzluklar ve anne babanın boşanma sonrası tavrıdır. Bu nedenle anne-baba anlaşmazlıklarında bu duruma dikkat etmek önceliklidir.

Başarısızlık, arkadaş sorunları ve her türlü stres durumlarında çocuğun anne babayı yanında hissetmesi onun yaşama bağlılığını artırır, geleceğe umutla bakmasını sağlar ve mutlu bir birey olmasına katkıda bulunur.

Mutlu bir çocuk ve ergen yetiştirmek istenirse dayağın bir disiplin yöntemi olamayacağı kesindir. Eline hafifçe vurmak, kolunu çimdiklemek dahil her tür dayak çocuğun ruh sağlığını bozar ve mutsuz bir birey olmasına neden olur. Fiziksel ceza çocuk, ergen ve anne baba arasındaki sevgiyi, güveni ciddi bir biçimde bozar; mutluluğun yerini engellenme, korku, zedelenme, öfke ve nefret alabilir. Bu gibi olumsuz duyguların ve güvensizliklerin içinde uzun süren, doyum veren mutluluktan söz edilemez.

Çağımızda fiziksel ve cinsel kötüye kullanma (istismar) giderek artmakta ya da eskiye göre daha fazla duyulmaktadır. Çocukların fiziksel ve cinsel istismara uğraması ruh sağlıklarını derinden etkilediğinden bu konuda son derece dikkatli olunmalıdır.

Çocuklarımızdan kendi kapasitelerinin ve yeteneklerinin üstünde şeyler beklemek onları mutsuz eder. Mutlu çocuk yetiştirmek için çocuklarımızı özverileri, yetenekleri ve ilgileri doğrultusunda yönlendirmeli, onlardan yapabileceklerinin üstünde şeyler beklememeliyiz.

Her tür bağımlılık gibi bilgisayar ve televizyon bağımlılığı da çocuklarımızın mutluluğunu olumsuz etkiler. Bilgisayar ya da televizyon başındayken mutlu görünseler de öğrenme ve eğitimleri olumsuz yönde etkilendiğinde bunlara bağlı olarak ciddi mutsuzluklar yaşayacaklardır. Bilgisayar ve televizyon sınırlandırılmalı, çocuğumuzun yaşamını etkiledikten sonra değil etkilemeden önlem alınmalıdır.

3. bölüm

Çocuklarda ve ergenlerde depresyon

Depresyondaki bir çocuğun anne babası ne yapmalıdır?

Mutsuzluğun yoğunlaşmış ve uzun süren biçimine ruh sağlığıyla tıp uzmanlığı alanlarında "depresyon" denir. Çok yakın zamanlara kadar çocuklarda depresyon görülmediği düşünülmekteydi. Erişkinlerde olduğu gibi çocuklarda da depresyon görülebilmektedir. Aşağıda uzun yıllardır olgunlaşmış ve arıtılmış çocuk, genç ve erişkinlerdeki depresyon tanısına yardım eden uluslararası birçok ruh sağlığı ve psikiyatri örgütünün onayladığı depresyon belirtileri özetlenmiştir.

Depresyon belirtileri ve tanı ölçütleri

Çocuklarda, gençlerde ve erişkinlerde depresyon belirtileri arasında birçok benzerliklerin yanı sıra bazı gelişimsel ayrılıklar da görülür. Aşağıda uluslararası birçok sağlık ve ruh sağlığı örgütünün kabullendiği tanı özellikleri özetlenmiştir. Bu genel özelliklerin yaşa göre nasıl değiştiği, bebek, çocuk ve gençlerde ne gibi özelliklerle kendini belli ettiği gösterilmiştir.

• Depresyon, hemen her gün ve günün büyük bir kısmında gözlenen çökkün bir duygu-durum hali (kendini mutsuz, ağlamaklı, kederli hissetme) olarak tanımlanabilir.

• Hemen her gün yaklaşık gün boyu süren ilgi ve zevk almada azalma (daha önce keyif alınan işler, hobiler ve alışkanlıklardan artık hoşlanmama), zorunlu olarak yapma hali (dünyayı verseler umurumda değil şeklinde bıkkınlık hisleri), bazı kişilerde cinsel isteksizlik görülebilir.

• Diyet uygulanılmamasına karşın önemli ölçüde kilo kaybı ya da alımı (bir ay içinde vücut ağırlığının yüzde 5'inden fazlasının artması ya da azalması) veya hemen her gün iştahta artma ya da azalmanın olması.

• Hemen her gün uykusuzluk ya da aşırır uyku hali.

• Hemen her gün olağan beyinsel ve vücutsal işlevsellik, hareketlilik halinde azalma ya da huzursuzluk (oturmayı veya yatmayı yeğleme ya da sıkıntıdan yerinde duramama).

• Hemen her gün halsizlik, yorgunluk hisleri, kendini daha önceki günler kadar enerjik hissetmeme.

• Hemen her gün kendini değersiz hissetme, küçük görme, kendini beğenmeme, suçlu ya da günahkâr hissetme hali.

• Hemen her gün düşünme ya da konsantrasyon yeteneğinde azalma olması (konuşulanlara, okunan şeylere, TV programlarına dikkatini verememe, söylenilenlerin bir kulaktan girip diğerinden çıkması gibi) veya kararsızlık hali.

• Tekrarlayan ölüm düşünceleri, intihar planları ya da eylemlerinin varlığı.

Bu belirtilerin büyük bir kısmının en az iki hafta boyunca sürmesi kişinin uyumunu olumsuz olarak etkilemesi, ciddiye alınacak kadar şiddetli olması depresyon tanısının konulması için yeterlidir.

Depresyonu anlamak

Çoğu araştırmada yüzde 8-20 oranında major depresyon düzeyinde depresif şikâyete rastlanmıştır. Kalıtımsal eğilimin olduğu major depresyon vakalarının otuzlu yaşlarda en yüksek düzeyde olduğu gözlenmiştir.

Major depresyon ayrılmış ve boşanmış kişilerde en çok, bekâr ya da evlilerde ise önceki gruba oranla daha az gözlenmiştir. Eşini yeni kaybetmiş kişilerde ise yine yüksek oranda major depresyona rastlanmıştır. Yine bir çalışmanın sonuçlarına göre bekâr kadınlarda evlilere göre daha az oranda depresyona rastlanmış, erkeklerde ise evlilik, depresyon riskini bekârlığa göre azaltmıştır. Bu kişilerin ailelerinde intihar ve alkolizme yüksek oranda rastlanmıştır.

Yapılan bir çalışmada son beş yıl içinde en az altı ay süreyle işsiz kalan kişilerde üç kat daha fazla major depresyon görülmüştür.

Major depresyonun erkekler için hayat boyu görülme olasılığı yüzde 2-12, kadınlar için yüzde 5-26 arasında bulunmuştur.

Depresyonun oluşumunda etkili olan kişisel özellikler

– Öfke ve nefretin, çevresindeki kişilerin kaybına yol açacağı düşüncesiyle onlara yönlendirilemeyip, kendisine yönlendirilmesi. (Bu yapıdaki bir kişilik hayatın ilk bir iki yıllık döneminde düzenli ve yeterli bir anne-çocuk ilişkisi yaşamamıştır. Kişinin yaşadığı depresyon gerçek ya da farz edilen bir kayıpla bağlantılıdır.)

– Kişinin kendisi, çevresi, gelecekten beklentileri, idealleri ile kendi gerçek durumu o kadar farklı, gerçekdışı ve orantısızdır ki, bu yüksek standartlara ulaşamamak kişide güçsüzlük ve yalnızlık düşünceleriyle depresyona yol açabilir.

– Kişinin süper egosu (üstbenlik) o kadar kuvvetli ve baskındır ki sürekli olarak kişiyi kısıtlayıp, suçlar; zevk verici, rahatlatıcı etkinliklerden alıkoyup, âdeta işkence eder.

– Kişinin çevresindekiler ondan o kadar çok şey beklemektedir ki, kişinin bu beklentileri karşılaması olanaksızdır. Bu da zayıflık ve çaresizlik düşüncelerinin gelişip, depresyona gidişe yol açabilir.

– Kişinin küçüklüğünden itibaren sevip, saygı, gurur duyacağı, ondan da destek ve sıcaklık göreceği, benzemek istediği, imrendiği, idealize ettiği düzeyde bir kişi (baba, anne, öğretmen, akraba vb) yoktur. Bu da kişiliğin gelişimini olumsuz yönde etkiler, kendine güven kaybına ve depresyona yol açabilir.

– Çocuklukta anne baba ayrılığı ya da kaybı, stresli koşullar karşısında yeterli desteği bulamayıp, yanlış veya yetersiz başa çıkma mekanizmaları geliştirmesine, bu da ileri dönemde depresyona zemin hazırlayabilir.

– Sahip olunan kişilik yapıları da depresyon gelişiminde etkilidir. Obsesif-kompulsif, bağımlı, histriyonik ve sınırda (borderline) kişilik bozukluğu gösterenlerde depresyona eğilim daha yüksektir.

Çocuklarda ve ergenlerde depresyon belirtileri

"Çocuk" ve "depresyon" sözcükleri birbirine hiç yakışmadığından toplum, anne babalar ve hatta psikiyatristler tarafından çocuklara depresyon tanısı kondurulamamıştır. Ancak bilimsel araştırmalar ve depresyondaki çocukların ayrıntılı olarak değerlendirilmesi sonucunda çocukluk ve ergenlik döneminde depresyon görülebildiği kesin olarak gösterilmiştir. Erişkinlerde, ergenlerde ve çocuklarda depresyonun temel belirtilerinde önemli benzerlikler olmasına karşın yaşa bağlı belirgin ayrılıklar da vardır. Bu ayrılıkların bilinmesi çocuklarda depresyonun daha kolay tanınmasını sağlayacak, göz ardı edilmesine engel olacaktır.

Çocuklar ile ergenlerin yaşam deneyimleri erişkinlerden az olduğundan ve duygusal durumlarını sözel olarak erişkinler kadar iyi anlatamadıklarından, depresyonlarını genellikle davranışlarıyla gösterirler. Altı yaşındaki bir çocuğun "Bugünlerde kendimi çok mutsuz hissediyorum, eski neşem kalmadı" biçiminde sözler kullanması pek sık olarak görülmez. Bunun yerine depresyondaki bir çocukta eskisine oranla huzursuzlukta artış, daha sinirli ve gergin olma, söz dinlememe, yeme ve uyku bozulması, çevreye ilginin azalması, okul başarısında düşüş gibi özellikler görülür. Ayrıca her çocuk ve ergenin depresyonu birbirinden farklıdır. Kimi çocuk depresyondayken aşırı durgun ve halsiz olurken kimi çocukta bunun tam tersi bir yerinde duramama ve huzursuzluk hali görülür.

Kendini üzüntülü ya da boşlukta hissetme

Depresyonun en temel belirtisi mutsuzluktur. Mutsuzluk duygusunun anlatım biçimi yaşa göre değişir. Mutsuzluk erişkinlerde depresyon tanısının en gerekli olan belirtisidir. Ciddi bir mutsuzluğu olmayan erişkinlere depresyon tanısı konulamaz. Mutsuzluk hissini yaşayan erişkin bunu hemen fark edip kolaylıkla anlatabilir. Küçük çocuklar ve bebekler de depresyonda olduklarında mutsuzluk duygusu yaşarlar, ancak bunu kolay anlatamazlar. Anne babalar ya da çocuğun yakın çevresindekiler çok dikkat ederlerse çocuktaki mutsuzluk durumunu anlayabilirler.

Çocuklar mutsuzluklarını çoğunlukla davranışlarıyla gösterirler.

Hiçbir şeyden memnun olmama, sürekli bir mızmızlık ve yakınma durumu, az gülüp çok ağlama, oyunları sürdürememe, arkadaşlarıyla geçinememe çocukların mutsuzluklarını gösterme davranışlarıdır. Oyuna, oyuncaklara, arkadaşlara gösterilen ilgide azalma, üzüntülü bir yüz ifadesi de önemli depresyon belirtilerindendir. Birçok depresyonlu çocuğa mutlu olup olmadıkları sorulduğunda gözlerinin dolduğu, "mutluyum" diyemedikleri görülür. Sözel becerileri gelişmiş olan beş altı yaşlarındaki çocuklar ise bazen mutsuzluklarını açıkça söylerler. Yıllar önce beş yaşındaki Aydan'ın kendisiyle görüşürken Dr. Ercan'a "Ne yazık ki ben mutsuz bir çocuğum" demesi buna bir örnektir.

İlköğretim çağı çocuklarında sözel anlatım yeteneği küçük çocuklara oranla daha iyi olduğundan mutsuzluk duygularını hem davranışlarıyla hem de sözel olarak ifade ederler. Depresyon nedeniyle bize başvuran okul çağındaki çocukların cümle tamamlama testlerinde "Keşke ben *mutsuz olmasam*", "Ben küçükken *mutlu bir çocuktum*" ya da "Başkalarında beğendiğim *mutlu olmaları*" gibi anlatımlara sık olarak rastlarız.

Depresyonda olan ergenlerde ise mutsuzluk, davranışlara oranla çok daha sık olarak sözel yolla ifade edilir. Dr. Turgay'a on üç yaşındaki bir genç okula gitmeme nedeniyle getirilmişti. Bu genç, "Keşke hiç doğmasaydım... Ölsem daha iyi... Her sabah kalktığımda ben bu günü nasıl bitireceğim diyorum... Her şeyden nefret ediyorum" diyerek depresyonunu anlatmıştı. İki ay depresyon ilaçlarıyla tedaviden sonra yeniden hayata dönmüş ve okula başlamıştı. Gençlerde de erişkinlerde görülen depresyon anlatımlarına rastlanabilir. Depresyonda olan ergenlerde mutsuzluk yerine kendisini boşlukta hissetme de oldukça sık görülür. Dr. Turgay'ın on beş yaşındaki bir kız hastası "İçim bomboş. Sanki her şey benden çıkıp gitti. Kendimi ot gibi, burada yok gibi hissediyorum" diye bu boşluk duygusunu anlatmıştı. Depresyon ilacına gerek duyulmayan bu genç kız haftada bir kez bir psikologla görüşme tedavilerinden sonra belirgin düzelme göstermiş ve bu duygularından kurtulmuştu.

Bazen de ergenler mutsuzum demenin zayıflık ya da iradesizlik olduğunu sanarak, kendilerini yakın hissettiği kişilere "yaşam boş" ya da "hayat çok sıkıcı" gibi sözlerle mutsuz olduklarını anlatırlar.

"Çok sıkılıyorum, yapacak hiçbir şey yok" gibi sözler bazen bir ergenin depresif duygularının ifadesi olabilir.

Eskiden zevk aldığı şeylerden zevk almama ya da eskisi kadar hoşlanmama

Mutlu bir çocuk yaşama sıkı sıkıya bağlıdır ve genellikle birçok ilgi alanı vardır. Öyle ki, "Büyüyünce ne olacaksın?" sorusuna, birçok çocuk bilim adamı, pilot, basketbolcu, doktor gibi yanıtlar verir. Büyüklere göre ilgi alanları daha sık değişse de çocuklar bir şeye ilgi duyunca büyük heves ve keyifle bu etkinliklerini yaparlar. Burada tek istisna aşırı bilgisayar oynamadır. Bilgisayar oyunları çocuğun mutluluğunu ve başka alanlara ilgi duymasını engeller. Bilgisayar ve elektronik oyunlara ayrılan aşırı zaman, aile ilişkilerinden, arkadaş ilişkilerinden, hayattan çalınan bir zamandır. Eğitimden ve yaşamı öğrenmeden çalınan bir zamandır. Uzun süreli etkileri o kadar olumsuz olabilir ki, başarıları, ilişkileri olumsuz yönde etkilenen bu çocuklarda sık olarak yorgunluk ve mutsuzluk görülür. Bazı depresyonlu ya da kaygı bozukluğu olan çocuklar arkadaşlarıyla veya daha başkalarıyla ilişki kuramayınca TV ve bilgisayar oyunlarını kendilerine arkadaş edinebilirler. Bu çocukların ruh sağlığı bakımından incelenmesi ve sorunlarının çözümü gerekir. Televizyon ya da bilgisayara ve bilgisayar oyunlarına bir çeşit tutsak olma, yaratıcılığı ve gelişimi çok olumsuz biçimde etkileyebilir. Bu durum onların toplumsallaşma ve topluma olumlu katılma yetilerini köreltebilir. Anne babaların bu konuda son derece dikkatli olmaları, TV ve elektronik oyunlarla geçirilen zamanı gerektiği gibi sınırlamaları gerekir. Kendileri saatlerce televizyon seyreden, toplumsal ilişkileri az anne babaların çocukların bilgisayar ve TV'yle ilgilerini kesmeye kalkmaları da kolay olmaz. Aile içinde oynanan herkesin katıldığı oyunlar toplumsallaşmaya yardımcı olur.

Mutsuz çocuklar ile ergenlerde ilgi ve istek kaybı vardır. Eskiden hoşlandıkları şeylerden eskisi kadar zevk almazlar. Hafta sonu arkadaşlarıyla oyun oynamaya ya da gezmeye gitmeye can atan bir çocuk veya ergen depresyonda olduğunda bu etkinliklere isteksizlik gösterir. Anne babaların bu dönemde sık duydukları söz "canım istemiyor" olur. Ancak belirtmek gerekir ki depresyondaki çocuk ve ergenlerin küçük bir bölümünde ilgi ve istek kaybı görülür, bunun yerine huzursuzluk ya da gerginlik durumu çok daha fazladır. Birçok depresyonlu çocuk ve ergende, çocukluk ve gençlik çağına özgü canlılık, "kıpır kıpır olma", doğal davranım yitimi görülür.

Gergin, sıkıntılı, huzursuz olma
"Of sıkıldım!"

Her insanın olduğu gibi her çocuğun ve gencin de ara sıra canı sıkılabilir. Özellikle çocuğun ve gencin stresli bir olay yaşadığı dönemlerde "of sıkıldım" türü can sıkıntısı sözleri daha çok işitilebilir. Mutlu bir çocuk ya da ergende stres verici yaşam olayı düzeldikten sonra "canım sıkılıyor" sözlerinde hızlı bir azalma olur.

Çocukları depresyonda olan, yani mutsuz çocukların anne babaları "of sıkıldım" sözlerini çok sık işitirler. Sudan bahanelerle "of sıkıldım" deme, iç çekme, üzgün ve gergin görünüm çocuklar ile ergenlerde depresyonun en önemli belirtilerindendir. Anne babaları tükenme noktasına getiren bu söz ve davranışlar depresyondaki çocuklar tarafından sürekli tekrarlanır. Ortada bir farklılık olduğunu anlayan anne babalar genellikle çocuklarına karşı daha anlayışlı davranmaya başlarlar. Çocuğun huzursuzluğuyla, sıkıntı duygularıyla baş etmek için sevdiği bir etkinliğin yapılması, sevdiği bir yere gezmeye gidilmesi ya da hoşuna gidebilecek bir hediyenin alınması yoluna giderler. Çoğunlukla bu yöntem de çocuğun depresyon belirtilerini hafifletmeye yetmez. İlle de gidelim diye tutturduğu oyun alanında bile çok kısa bir süre sonra "of sıkıldım, eve gidelim" demeye başlayabilir. Ya da çok istediği pahalı spor ayakkabısı alındıktan on beş dakika sonra odaya gelip "of sıkıldım" sözüne bıraktığı yerden devam edebilir.

Anne babayı sinirlendirene kadar uğraşma, en yakınlarıyla ilişkisinin bozulması, sık sık tartışma ya da küsme

Çocukların istedikleri şeylerin hemen yapılması için erişkinlerden daha aceleci olmaları, hatta tutturmaları son derece doğaldır. Ancak mutlu bir çocuk ile mutsuz bir çocuğun isteklerini yaptırmak için tutturması birbirinden çok farklıdır. Normal bir çocuk istediği bir şeyin olması için bir süre ısrar edip yapılmadığında kabullenip bekler. Depresyondaki çocuk ise *amaçsızca* tutturur. Benzetmek gerekirse mutlu bir çocuk için amaç üzüm yemekken, mutsuz çocuk için amaç bağcıyı dövmektir. Yani mutlu çocuk istediği şeyi elde etmeye çalışır, mutsuz çocuğun ise tek bir amacı vardır; içindeki mutsuzluk ve sıkıntı duygusunu onu çok seven insanlara yansıtmak. İsteğin yapılıp yapılmamasından çok anne babayı sinirlendirmek amaç halini almış gibi görünür. Yani içlerindeki gerginlik ve huzursuzluğu çevrelerine daha açık olarak anlatmak için sürekli huzursuzluk çıkarma gereğini duyarmış gibi davranırlar. Anne babalar tüm bu hırçınlık, huysuzluk, tutturma, söz dinlememe, anne babayı sinirlendirme ve sıkıntı duygularını şöyle özetlerler:

"Çocuğum bugünlerde beni bir ağaçkakan gibi sürekli gagalayıp için için tüketiyor."

Depresyondaki çocuk ve ergenler eskisine oranla kurallara daha az uyarlar, anne babayı ve öğretmenleri çok sık olarak huzursuz ederler, hatta sinirlendirirler. Bu huy değişimine başta anlam veremeyen anne babalar bir süre sonra çocuğun kendilerini sürekli olarak sinirlendirici hareketler yapmasının normal bir durum olmadığının farkına varırlar. Örneğin anne babanın şartları zorlayarak götürdükleri oyun parkı, market gibi yerlerden eve dönülüp yemeğe oturulduğunda depresyondaki çocuklar çok sudan bir nedenle sorun çıkarabilir. Bütün gün çocuklarını rahatlatmak için maddi ve manevi olarak tükenmiş olan anne babalar eve dönünce çocuklarının gerginliğinin geçip ailece biraz rahat edeceklerini düşünürler. Ama "Bu oyuncağı neden buraya koydunuz?", "Ben bu tabaktan yemeyeceğim" ya da "Ben bu yemeği sevmiyorum" gibi sudan bahanelerle mızırdanmaya başlayan çocuklarına bağırmamak veya vurmamak için kendilerini zor tutarlar. Anne babalar bu durumu şöyle anlatırlar:

"Bu çocuğun derdi bizle. Bizi sinirlendirinceye kadar uğraşıyor. Aslında o tabak sorun değil ya da o istediği oyuncak sorun değil, o bizi bağırtınca rahatlıyor. Biz de anne baba olarak aşırı gerildik doktor bey; insan hiç canından çok sevdiği çocuğa zarar vermek ister mi? Bizi o kadar sinirlendiriyor ki tutup boğazını sıkacak duruma geliyoruz."

Mutsuz çocukların en ilginç özelliklerinden birisi arada bir depresyon durumundan çıkıp normal durumlarına dönmeleri, sonra tekrar depresif durumlarını sergilemeleridir. Anne babalar akıllarını karıştıran bu durumu şöyle anlatırlar:

"Arkadaşlarıyla oynarken hiçbir şeyi yok, evde ise huysuzluklarıyla hepimizin huzurunu kaçırıyor."

Örneğin on beş yaşındaki bir genç kızın annesiyle sürekli tartışmasına karşın hiçbir şey olmamış gibi aynanın önünde uzun süre taranması annelerin çok fazla tepkisini çeker. Gerçekten de hem çocuklar hem ergenler depresif durumlarını hoşlandıkları bir şeyi yaparken, özellikle de arkadaşlarıyla beraberken bir süre için rafa kaldırabilirler. Ama bilinmesi gereken nokta depresyondaki çocuğun olumsuz davranışları sonucu anne babayı "tükenme" noktasına getirmesi isteyerek yaptığı bir şey değil, içindeki sıkıntı duygusunun bir sonucudur. Yani çocuğun mutsuzluğunun bir göstergesidir.

Sinirlilik ve öfke patlamalarının olması

Sağlıklı bir çocuk ya da ergende çok ender durumlar dışında sinir krizi gibi tepkilerin görülmesi beklenmez. Basit olaylar karşısında çocuğun ya da ergenin öfkesini kontrol edememesi önemli bir mutsuzluk belirtisi olabilir. Zaten anne babaların çocuklarında en çabuk fark ettikleri depresyon belirtisi sinirliliktir. Depresyonda olan çocuk ve ergenlerin kendileri de eskisinden daha sinirli olduklarının farkına varırlar. Çoğu zaman bir psikiyatriste gitmeyi kabul etmelerini sinirlilik sağlar. Genellikle çocuk ya da ergenin sinirliliği çevredeki diğer bireylere oranla daha sık anneye veya "nazını" en çok çeken kişilere karşı olur. Depresyondaki bazı çocuklarda ve ergenlerde bu sinirlilik o kadar fazladır ki, bu öfke patlamaları sinir krizi diye nitelendirilir. Çocuk ile anne baba arasındaki küçük bir tartışma büyüyüp çocuğun anne babaya saldırmasına, kendisine ya da eşyalara zarar vermesine kadar uzanabilir. Özellikle ergenlik çağındaki erkek çocukların bu öfke patlamaları sırasında *cama ya da duvara yumruk atmaları sonucu* acil servise gittikleri bile olur. Sinirlilik nedeniyle kendisini kontrol edemeyip anne babayı ya da çevresindeki diğer insanları kıran çocuk öfkesi yatışınca yaptığı hatayı anlar ve bu pişmanlık duygusu depresyonunun daha da artmasına yol açar.

Bedensel yakınmalar; sık sık baş veya karın ağrısı ya da yorgunluk hissetme

Beden ve ruh sağlığı birbiriyle iç içe olan kavramlardır. Bedenen sağlıklı olmak mutluluğun en önemli gereklerinden biridir. Yine mutlu olan bireylerin vücut dirençlerinin arttığı ve bedensel hastalıklarla daha kolay baş edebildikleri bilinmektedir. Mutlu bir çocuk her canı sıkıldıkça "midem bulanıyor, karnım ağrıyor" gibi fiziksel belirtiler göstermez.

Bazı çocuklarda ya da ergenlerde en önemli mutsuzluk (depresyon) belirtileri halsizlik, baş ve karın ağrısı gibi fiziksel yakınmalar olabilir. Hatta bazı çocuk ve ergenlerde depresyon belirtisi olarak psikolojik kökenli bayılmalar görülebilir. Depresyondaki çocuk, çevrenin ilgisini çok kolay bir biçimde üstüne çekeceği bu bedensel belirtileri bilinçdışı ya da bilinçli olarak sergiler. Bedensel rahatsızlıklar çocuğun içindeki sıkıntıdan kurtulmak için bir çeşit yardım isteme yöntemidir. Özellikle baskıcı ya da aşırı kuralcı anne babaların çocuklarında bu tür yakınmalar daha fazla görülür. Baş ağrısı, mide bulantısı gibi yakınmaların psikolojik olduğunun anlaşılmasındaki en önemli nokta bu belirtilerin çocuğun sıkıntısını artıran durumlarda ortaya çıkmasıdır. Sabah okula giderken olup gün içinde görülmeyen mide bulantıları, sınav günleri ortaya çıkan baş ağrıları ya da sadece anne babayla tartıştıktan sonra görülen bayılmalar çoğunlukla psikolojik kökenlidir.

İştah ve yeme sorunları

Neredeyse tüm anneler çocuklarının az yediğinden yakınır. Çocuklarının az yediğinden yakınmayan annelerin çocukları ise genellikle aşırı iştahlıdır. Ruh sağlığı bakımından önemli olan çocuğun var olan yeme alışkanlığının bozulup bozulmadığıdır. Mutlu bir çocuk veya ergende ani iştah değişiklikleri ya da ani kilo alıp vermeler olmaz.

Depresyondaki erişkinlerde olduğu gibi depresyondaki çocuk ve ergenlerde de iştah sorunları yaşanır. İştah azalması ya da artması, çok yemek seçme, aileyle birlikte yemek yemeyi reddetme ve yemek masasında ufacık şeylerden huzursuzluk çıkarma en sık rastlanan yeme sorunları arasındadır. İlginç olan bir gözlemimiz, depresyondaki zayıf çocuklarda iştah azalmasının, şişman çocuklarda ise iştah artışının olmasıdır. Özellikle kiloyla ilgili hassas olan, hafif kilolu ergenlik çağındaki kızlar bu dönemde takıntılı bir biçimde tatlıya düşkün olabilirler ve bu davranış kilo almaya yol açabilir. Bu kez de kilo aldıklarından dolayı kendilerini daha depresyonda hissedebilirler. Depresyon tedavisinde kullanılan ilaçların bir kısmı da kilo artmasına yol açabilir. Depresyonlu çocuğu olan anne babaların çocuğun kilosunu düzenli olarak ölçmeleri çok yararlıdır.

Uyku sorunları

Bedensel sağlığın en önemli göstergesi ateştir. Herhangi bir bedensel sağlık sorunumuzda ateşimiz yükselir ve bedenimizin bir yerlerinde bir aksaklık olduğunu işaret eder. Ruh sağlığının en önemli göstergelerinden birisi ise uykunun düzeni ve yeterliliğidir. Uyku ruh sağlığımız hakkında çok önemli fikirler verir. Ta bebeklikten başlayarak uyku kalitesi ruh sağlığını, ruh sağlığı da uykuyu derinden etkiler. Mutlu bir çocuk kolay uyur, dinlenmiş ve mutlu uyanır. Aşırı TV ve bilgisayar her şeyi olduğu gibi çocuğumuzun uykusunu da olumsuz olarak etkileyebilir.

Mutsuz çocukların çok önemli bir bölümünde uyku sorunları görülür; gece uykuya dalmada güçlük, sık sık uykudan uyanma, gece korkuları ve yalnız yatamama gibi. Mutsuz çocuk ve ergenlerde en sık rastlanan uyku bozukluğu "gece geç yatma, sabah uyanamamadır". Anne babalar şöyle anlatırlar:

"Bu çocuk gece yatmayı, sabah kalkmayı bilmez. Okula geç kalmasın diye uyandırmaya çalışıyorum. O zaman da bana sürekli bağırıyor. Aslında yatağa gitse uyuyacak ama geç yatmak istiyor."

Depresyondaki çocuklar bazen beş on dakika içerisinde uyuyabilecek olsalar bile içinde bulundukları sıkıntılı ruh hali nedeniyle kendileriyle beş on dakika bile baş başa kalmaya dayanamazlar ve yatağa gitmeyi sürekli erteleyebilirler. Depresyonu nedeniyle anne babayla sürekli tartışan çocuğun akşam onlarla yatmak istemesi de depresyondaki çocuğun ruhsal yapısını anlatan "trajikomik" bir durumdur.

Depresyonu olan çocuk ve gençlerde en sık görülen diğer bozukluklardan birisi de kaygı bozukluğudur. Bu çocuklar yatağa girdiklerinde ertesi gün yapması gerekenlerin, yetiştiremedikleri derslerin kaygılarını çekerler. Uyku güçlüğü kaygı bozukluğuyla çok ilgili olabilir. Bazı depresyonu olan çocuklar ile gençlerde ise uyku bozukluğu doğrudan ve birincil bir uyku bozukluğuyla ilgili olabilir. Uykusunu alamayan çocuk ve gencin ertesi günü dikkat eksikliği, yorgunluk ve uykusuzlukla geçebilir. Çocuk ve genç bu kez de öğretmeni ile arkadaşlarının "Neyin var, hasta gibi görünüyorsun?" sorularına yanıt verme durumunda kalabilir. Bu gençler sınıfta uyuma ya da uyku durumundan dersi anlamama, başarısız sınav verme gibi, depresyonlarını daha da artıran ve okula gitme isteksizliklerini daha da ilerleten durumlara girebilirler. Akşam eve gelince de uyku bastırabilir, yemek yemeden odalarına çekilebilirler ve aileden uzak durmanın yarattığı öfkelerle, eleştirilerle uğraşmak zorunda kalabilirler. Dr. Turgay'ın on yedi yaşındaki bir erkek hastası "Uykudan korkar oldum, sabah olunca geceden kurtuldum diye seviniyorum" diye uyku bozukluklarının ne denli ürkütücü belirtilerden olduğunu anlatmaya çalışmıştı.

Anne babalar çocuklarının uyku sorunlarını çocuğun kendisi kadar bilemeyebilir. Geceleri hiç uyuyamadığını söyleyen bir gencin anne babası "Ben geceleri onu yokluyorum, çok güzel uyuyor" demesine rağmen çocuğun ya da ergenin uyku kalitesi iyi değilse ona hiç uyuyamıyormuş gibi gelebilir.

Değersizlik duygularının bulunması, kendine güvende azalma, gelecekten umudu kesme ve suçluluk duyguları: "Beni bu evde kimse sevmiyor... Kardeşimi daha çok seviyorsunuz..."

Mutlu bir çocuk için yaşam sürekli olumlu şeyler getirmesi beklenen, hoş sürprizlerle dolu bir süreçtir. Kendi becerilerinin farkındadır; yapamayacağı şeyler konusunda ise gereksiz bir yas tutmaya kapılmak yerine gerçekçi bir kabullenme içerisindedir. Yapmak istediği şeyleri mutlaka dener, henüz denemeden "ben nasıl olsa yapamayacağım" biçiminde önyargılara kapılmaz. Biraz çekingenlik tüm çocuklarda normal karşılanabilir ama mutlu çocuğun çekingenliği anne babanın, öğretmenin ya da yakınlarının yüreklendirmesiyle hemen aşılabilir. Kendine güveni onun yeni şeyleri denemesine ve bundan hep keyif almasına olanak tanır.

Mutlu çocuk sevildiğinin güveni içerisindedir. Bu nedenle kendine güveni yerindedir, gelecekten büyük beklentileri vardır. Gelecekten yana umutludur. Depresyonlu çocuklarda ve gençlerde ise kötümserlik, sevilip sevilmediğinden kuşku, gelecekten yana umutsuzluk çok görülür. Bu karamsarlık ve umutsuzluk depresyonun verdiği kötümserlikle ve genel tüm acılarla birleşince kendini zedeleme, hatta öldürmeye kalkma davranışına götürebilir.

Kardeş kıskançlığı her çocuk için normal olmakla beraber kendi değerliliğinin farkında olan mutlu çocuk kardeş kıskançlığını aile yaşamında sıkıntı yaratmayacak boyutta tutar. Biraz da depresyonunun nedeniyle kendini sevmeyen çocuk ve genç başkalarının da onları sevmediği duygusunu yaşar. Başkalarını rahatsız eden, bir tür mutsuz eden depresyonlu genç ve çocukların "beni sevmiyorlar" diye sızlanması tamamen uydurma bir duyguyla değil, var olan duyguların doğru algılanmasıyla ilgili olabilir. Dr. Turgay'ın on altı yaşındaki erkek hastası "Kardeşimi en çok mutlu diye, başarılı diye, hayatı seviyor diye kıskanıyorum" diyerek imrenme ve kıskançlık duygularında kendini başkalarıyla karşılaştırıp durumdan mutsuz olmama olgusunu açıkça anlatmıştı. Mutsuz, depresyonlu çocuklar ile gençlerde kendilerini başkalarından daha mutsuz ve depresyonlu görme de benlik algısını zedeleyen önemli sorunlardandır.

Çocuklar ile gençlerde mutsuzluğun en önemli belirtilerinden birisi ise kendilerine güvenlerinin azalması ve kendilerini değersiz hissetmeleridir. Sözel olarak çocuklar bu durumu tam anlamıyla dile getiremeseler de söylediklerinden ve davranışlarından bu duyguları yaşadıkları anlaşılabilir. Aşağıda belirtilen özellikler çocuğun ya da ergenin kendisini değersiz hissettiğini veya kendine güvenin azaldığını gösterir:

– Çocuk ya da gencin daha sorulan soruyu tam incelemeden "ben bunu yapamam" diye kestirip atması.

– Gittiği spor okulunu bırakmak isteyip "ben başaramıyorum" diye mazeret uydurması.

– Arkadaşlarını çağırabileceği söylendiğinde "kimse beni istemez, gelmezler ki" demesi.

– Eskiden bakkala alışverişe giden çocuğun, başaramayacağı düşüncesiyle ya da utandığı için gitmeyi reddetmesi.

– Kardeşinin daha çok sevildiğini, kimsenin kendisini sevmediğini düşünmesi.

"Kardeşine 1 liralık bir şey alsam ona 5 liralık alıyorum gene de 'kardeşimi daha çok seviyorsunuz' diyor."

"O kadar seviyoruz, ilgileniyoruz ama ikide bir 'beni sevmiyorsunuz' diyor. Bunaldık artık."

"Çok güzel bir çocuk ama bu sıralar 'ben çirkinim' diyor başka bir şey demiyor."

Depresyondaki çocuk ve ergenlerin anne babaları bu sözleri duymaktan gerçekten bunalırlar. "Çocuklar neden depresyona girer?" bölümünde anlatıldığı gibi depresyondaki çocuklarda düşünme çarpıtmaları vardır, bu nedenle gösterdiğimiz ilgi ve sevgiyi ya da kendisindeki olumlu yanları göremeyebilir. Hatta ailede ve çevresinde yaşanan olumsuz olaylardan hep kendini suçlu hissedebilir. Depresyondaki çocuk ve ergenlerin "babam benim yüzümden iflas etti" ya da "öğretmenimi üzdüm, onun için hastalandı" gibi hiç ilgileri olmayan olumsuzluklardan kendilerini suçladıkları görülür.

Değersizlik, kendine güvenin kaybı ve suçluluk duyguları yaşayan bir çocuğun ya da ergenin gelecekle ilgili karamsarlık duyması da doğaldır. Depresyondaki çocuk ve ergenlerin cümle tamamlama testlerinde "gelecek" sözcüğüyle başlayan cümleyi "Gelecek*ten umutsuzum*" biçiminde tamamladıklarını çok sık görüyoruz.

Sık sık ölümden veya kendini öldürmekten söz etme ya da "kaçıp gideceğim buradan" gibi sözler söyleme

"İntihar" bölümünde bu konu üzerinde ayrıntılı olarak durulmuştur. Burada sadece şu cümlenin altını çizmek istiyoruz:

> Çocukların ve ergenlerin kendini öldürmekten ya da ölümden söz etmeleri mutlaka önemsenmelidir. Sadece bu belirti bile bazen gizli kalmış olan bir depresyonun habercisi olabilmektedir.

Alınganlıkta artış

Mutlu bir çocuk hassaslığı ya da alınganlığıyla başta anne babası olmak üzere etrafındakileri bunaltmaz. Mantıklı açıklamalarla gerçeği kolayca kavrar, incir çekirdeğini doldurmayacak bir konuyla uzun süre gerginlik yaratmaz.

Mutsuz bir çocukta ya da ergende ise alınganlık çok sık görülen bir özelliktir. Anne babanın her sözünü yanlış anlayıp onlarla tartışmak özellikle mutsuz ergenlerde çok sık görülür. Ülkemizde anneler çocuklarına babalardan daha yumuşak davrandıklarından, ergenlik çağındaki kızların alınganlığından anneler daha fazla acı çekerler. Bakın anneler bu durumu bize nasıl anlatır:

"Doktor bey, ben kızımla kuma gibi oldum. Ne söylesem yanlış anlıyor. Ne yapsam kabahat. Odasına yemeğini götürsem bağırıyor, 'Bir şey ister misin?' dediğimde azarlıyor. Evin içi çekilmez bir hal aldı. Babası da 'Bıktım sizin kavgalarınızdan' diyerek çekip gidiyor. Bir yandan kız, bir yandan babası, arada ben kaldım. Evde ağzımı açmaya korkar oldum."

Annenin bu gibi olumsuz bir duygusal duruma girmesi pek tabii ki kızı tarafından da algılanıp kızın "etrafımı üzüyorum" suçluluklarına yol açabilir. Artan gergin ve olumsuz ilişkilerin zihne olumsuz olarak yansıması da kızın depresyonunu daha da artıran etkenlerden olacaktır.

Sık sık ve basit şeyler için ağlama

Evet, çocuklar bizlerden daha kolay ağlarlar. Ama mutlu bir çocuğun ağlaması özellikle okula başladıktan sonra giderek azalır. Mutlu çocuğun ağlaması doğal ve yerinde bir tepki olup fazla uzun sürmez, gereksiz yerde görülmez. Daha yaşamın başında bile, mutlu bir bebek mutsuz bir bebeğe göre çok daha sık güler ve az ağlar. Ağlaması bir nedene bağlıdır. Mutlu bir bebeğin nedensiz yere ve anne babayı tedirgin edecek düzeyde ağlaması çok enderdir.

Mutsuz, depresyondaki çocuk ve ergenler ise eskisinden daha sık olarak ağlarlar. Eskiden hiç ağlamayacağı şeylere hatta televizyondaki filmlere bile ağladıkları olur. Ağlamalar okulda olursa çocuk ve ergenleri daha fazla etkiler. Arkadaşları yanında küçük düştüğünü sanan çocuğun kendine saygısında azalma olabilir. Bazı çocuklarda sık ağlama olmasa bile gözlerin dolması ya da sık sık ağlayacakmış gibi olma duygusu görülebilir. Dr. Turgay'ın sekiz yaşındaki depresyondaki bir kız hastası bu durumu, "Ben hep içimden ağlıyorum" diyerek dile getirmişti.

Dikkat ve konsantrasyon güçlüğü; okula ve eğitime ilgi azalması

Mutlu bir çocuk ya da ergen kendisinden beklenen sorumlulukları yerine getirir. Okul başarısı özverileriyle uyumludur. Başarısında ani yükselmeler ya da düşüşler görülmez. Dikkati, konsantrasyonu ve okul başarısı bir düzenlilik ve süreklilik gösterir.

Çocuklarda depresyonun en önemli belirtilerinden birisi bir konuya dikkati toplamada (konsantre olmada) ve dikkati sürdürmedeki güçlüktür. Böylece depresyondaki çocuk ve gençlerin televizyonda en sevdikleri diziyi, oyunu ya da dergiyi bile bitirememelerine, "of sıkıldım" deyip bir aşağı bir yukarı dolaşmalarına neden olabilir. Depresyondaki çocukta oluşan dikkat eksikliği çocuğun ders başarısında beklenmedik bir düşüşün meydana gelmesine yol açabilir. Bu nedenle ders başarısındaki ani düşüş anne babaların konuyu araştırmalarını gerektirir.

Depresyon ve ilaç tutkunluğu

Depresyonda olan ergenlerde olumsuz arkadaşlıklar kurmaya rastlanabilir. Hatta bu olumsuz arkadaşlıklar ergenin depresyonuyla zayıflayan iradesi ve sıkıntı duygularıyla birleşip kötü alışkanlıklar edinmeye kadar varabilir. Normal haliyle hiçbir biçimde sigaraya başlamayacak ya da uyuşturucu ilaç kullanmayacak olan bir ergen, depresyon durumunda bu tür kötü alışkanlıklara yönelebilir. Kötüye kullanılan ilaçların bir kısmı çocuk ya da gencin depresyonunun getirdiği acılı duyguları başlangıçta azaltarak ilaç kullanmanın yerleşmesine yol açabilir. Bu olumsuz arkadaşlar ve alışkanlıklar çocuğun anne babasıyla ilişkisini daha da bozacağından gencin sıkıntı ve çaresizlik duyguları giderek artar. Kötüye kullanılan ilaçların bir kısmı depresyonu artırabilir. Bu ilaçların hemen hepsi depresyon tedavisinde uygulanan ilaçlarla bir arada kullanılamaz. Kullanılmaları tehlike yaratabilir. Bu ilaçları gizlice alabilmek için gençler para ya da değerli eşyalar çalabilirler. Bu alışkanlıkları olan gençlerle karışıp yasadışı davranışlar gösterebilirler. Özgürlüklerini yitirebilirler. Bu kötüye kullanılan ilaçlar psikoz gibi ciddi ruhsal çöküntülere yol açabilir. Gençler akıl hastanesine yatmak zorunda kalabilir. Bu gibi derin ve ciddi bozukluklar gençlerin depresyondan çıkmalarını zorlaştırabilir. Ayrıca gencin başına büyük dertler açarak çıkmaza girmelerine yol açabilir.

Dr. Turgay'ın Toronto'da hastaneye yatırmak zorunda kaldığı on beş yaşındaki bir genç kız depresyon tedavisini kesmiş, evden kaçmış ve sokak çocuklarıyla kaynaşıp onlarla sokaklarda yaşarken alkol ve uyuşturucu madde tutkunluğu geliştirmişti. Bu tutkunluğu sürdürme Kuzey Amerika'da çok pahalıya mal olduğundan, ailesini göremediği için onlardan para çalamayan, tutkun olduğu ilaçları alamayan bu genç, iki erkek arkadaşıyla birlikte üç evi soymuş ve polis tarafından yakalanmak üzereyken "ateşin köşeye sıkıştırdığı bir akrep gibi" kendini ölüme mahkûm hissedip üç şişe aspirin aldıktan sonra Dr. Turgay'a telefon etmiş ve hastanede yatarak tedavi görmek zorunda kalmıştı. Davranım bozukluğu diye anılan ciddi davranış sorunlarıyla giden ve geleceği pek iyi olmayan ciddi ruh hastalığında, hastaların üçte birinde tedavi edilmemiş depresyon görülür. Bu genç kızın hastanedeki tedavisi sırasında erken çocukluğundan beri üstü örtülü dikkat eksikliği belirtileri olduğu, bunların okul başarısızlığı ve depresyon gelişimindeki rolü üzerinde durulmuştu. Uzun süreli tedavi ve izleme çalışması olumlu etkilerini göstermişti. Depresyonu, alkol ve ilaç tutkunluğu tedavi edilen bu genç kız, dikkat eksikliği bozukluğu için aldığı ilaçların ve gördüğü ruhsal tedavinin de yardımıyla hem okula geri dönmüş hem de evde yaşamaya başlamıştı. Özellikle gençlerin depresyonu genellikle başka bozukluklarla birlikte olabilir ve çocuklar ile gençlerin depresyonunda her ruhsal bozukluğun aranması ve bulunanların etkin tedavisi gereklidir.

Arkadaş ilişkilerinde bozulma, kendini yalnız hissetme

Mutlu bir çocuk için en önemli şey aile ve arkadaştır. Arkadaşları tarafından sevilmek, bir çocuğun ya da ergenin mutlu olduğuna ilişkin çok önemli bir ipucudur.

Depresyondaki çocukların mutsuzluk, sinirlilik ve alınganlık durumu arkadaş ilişkilerine de yansıyabilir. Bu dönemde dikkatli anne babalar çocuğu telefonla arayan arkadaşlarının sayısında bir azalma görürken, aynı zamanda arayan arkadaşlarının da sık sık değiştiğine tanık olurlar. Bu konuyu araştırdıklarında çocuklarının eskiden iyi geçindiği arkadaş grubuyla küsmüş olduğunu, yeni edindiği arkadaşlarını da alınganlığı ve huysuzluğu nedeniyle sık sık kırdığını görürler; hatta sınıftan dışlandığını fark ederler. Bir annenin Dr. Turgay'a dediği gibi, "Çocuklar mutsuz çocuklarla kaynaşmak, oynamak istemiyorlar. John, arkadaşsız olduğunu söylerken aslında doğru söylüyor. Ben oyun grupları ayarlasam da John bir terslik yapıp onları kaçırıyor ve sonra da 'beni kimse sevmiyor' diye yakınıyor. İşin doğrusu bu çocuk depresyona gireli bana da babasına da arkadaşlarına da pek sevimli gelmiyor."

Depresyondaki gençlerde görülen en önemli depresyon belirtilerinden biri de "yalnızlık duygusu"dur. Depresyondaki gençler kendileri gibi olan ve kendilerini anlayacak gruplarla kaynaşır, onların sorunlu davranışlarını paylaşabilirler. Bu durum gençte ağır davranış bozukluklarının ortaya çıkmasına neden olabilir. "Yaşamın boşluğu" duygusu ve ilgisini çekecek bir şey bulamama genci alışılmamış bir uyaran yaratma duygusuna itebilir. Hırsızlık, evden kaçma, yaşamda bir çeşit anlam ve heyecan yaratma duygusu bu gençleri sorunlu ya da yasaları çiğneyen gençlerin arasına itebilir. Depresyonları derinleşen, aileden itilen, polisle başı derde giren ya da bir biçimde çetelere bulaşan depresyonlu gençler intihara kalkışabilir.

Marc, on altı yaşında bir genç; gecenin üçünde Dr. Turgay'ı aramış, eğer hastaneye yatırılmazsa bir avuç ilaç yutup kendini öldüreceğini söylemiş ve ölmeden önce Dr. Turgay'dan yardım istediğini, doktorun hastaneye yatırmadığını, böylece umutsuzluğa kapılıp kendini öldürdüğünü belirten bir mektubu gazeteye verip Dr. Turgay'ı ele güne rezil edeceği tehdidini savurmuştu. Sonradan anlaşıldı ki depresyon belirtilerine uyuşturucu bağımlılığı ve ağır davranış sorunları eklenmişti. Tehditleri savurduğu gece ise polis ile çetelerin arasında kalmış bir durumda, kurtarılma umutları peşindeydi. Hastanede bir hafta yattıktan sonra dış tehdidin geçmesiyle hastaneden kaçmıştı.

Bazı çocuk ve ergenler, enerjilerinin azlığı, her şeyin gözlerinde büyümesi nedeniyle yalnız kalmayı seçebilirler. Bu kısırdöngü çocuğun evden iyice uzaklaşıp çareyi "satanizm" gibi olumsuz oluşumların içerisinde aramasına yol açabilir. Bunun sonucunda intihara ya da uyuşturucu bağımlılığına kadar varan çok feci durumlar görülebilir. Bu gibi durumların ilk habercisi çocuğun artık tüm vaktini odasında geçirmeye başlaması ve zorunlu olmadıkça evdekilerle konuşmamasıdır. Depresyonu nedeniyle dikkatini toplama güçlüğü yaşamaya başlayan ya da dikkat sorunları artan genç, odasındaki zamanın büyük bölümünü ya arkadaşlarıyla telefonda konuşarak veya müzik dinleyerek geçirir. İleri depresyon durumlarından bazı gençlerin arkadaşları da aramadıkları, odalarında yalnız kalmayı seçtikleri görülebilir. Eğitim sorunlarının artışı bu gençlerin okul yaşamına dönüşünü güçleştirebilir. Yalnız kalma, toplumsal görev ve ilişkilerden uzaklaşma da depresyonun giderek ağırlaşıp kronikleşmesine yol açabilir.

Özel zevklerde ve kişilik özelliklerinde belirgin değişiklik

Gençlerin kendi çağlarının özelliklerine uygun davranmaları çok doğaldır. Ergenlik çağındaki bir gencin bizler gibi düşünüp, giyinip aynı müzikleri dinlemesi beklenemez. Ancak mutlu bir genç, ergenliğin coşkusunu kabul edilebilir sınırlarda yaşar ve içinde bulunduğu ailenin ve toplumun "kırmızı çizgileri" diye adlandırabileceğimiz önemli değerlerini hiçe saymaz. Anne babaya bir süre için aşırı gelse de oturup düşününce "normaldir canım, gençlik işte" denilebilecek sınırlarda kaldığı görülür.

Depresyondaki ergenlerin bu dönemde kişisel ilgilerinde ve beğendikleri müzik tarzlarında keskin değişiklikler görülebilir. Bu değişim daha çok uç noktalara gitme biçiminde kendisini gösterebilir. Örneğin, pop müzik dinleyen bir genç depresyona girdikten sonra metal müziğe; yaşına ve kültürüne uygun giysiler giyen bir genç aykırı bir giyim tarzına yönelebilir. Hatta bu dönemde çocuğun duygu durumunun bozulması onun siyasi görüşlerini bile daha uçlara götürebilir ve aşırı uçlarda eylemci gruplara karışmasına yol açabilir. Zaten pek çok yasadışı oluşum gençleri iradelerinin ve sağduyularının bozulduğu, kişiliklerinden hoşnut olmayıp yeni bir kimlik arayışı içinde oldukları ve mutsuz depresyonlu dönemlerinde tuzağa düşürmektedir. Çünkü ergenin içindeki sıkıntı, çaresizlik ve öfke duygusunu fark eden bu tür yasadışı oluşumlar gençleri boş vaatlerle kendi saflarına çekmektedir. Ailelerin bu dönemlerde son derece dikkatli olması ve çocuklarında depresif belirtiler gördüklerinde hemen uzman yardımı aramaları gerekmektedir. "Dur bakalım düzelir. Ergenlik döneminde böyle şeyler normaldir. Evimiz huzursuz, ondan bu çocuk böyle oldu" gibi ertelemeler çok olumsuz sonuçlar doğurabilir. Çünkü depresyon tedavisi gecikirse kronik bir hal alıp olumsuz gruplara girmeye, intihara yönelmeye ya da sigara, alkol veya uyuşturucu bağımlılığına zemin hazırlayabilir. Böyle ilgi gösterilmemiş ve karmaşıklaşmış bir depresyonun tedavisi ise son derece güç olabilmektedir.

Bu arada unutmadan ekleyelim, depresyon çocuğun dizi film ya da çizgi film tercihini bile etkileyebilir. Eskiden sevimli çizgi filmleri beğenen bir çocuğun, vurdulu kırdılı çizgi filmlere yönelmesi; eskiden aydınlık, mutlu, iyi ilişkileri olan kahramanların yer aldığı diziler yerine mutsuzluk, kan, vahşet, ihanet temalarının yer aldığı dizi filmlere ilgi göstermesi depresyondaki çocuklarda sık görülebilen bir durumdur. Dahası depresyondaki ergenlerin daha önce pek rağbet etmedikleri takılara ve simsiyah giysilere büründükleri, normal durumunda yaptırmayacağı dövme ve kalıcı iz bırakan aksesuarlar yaptırdıkları görülebilir.

Mutsuz evdeki mutsuz çocuk

Ebru on bir yaşındaydı. Odaya girdiğinden itibaren sürekli yere bakıyordu. Sorulara verdiği yanıtları duyabilmesi için Dr. Ercan tekrar ettirmek zorunda kalıyordu. Aldığı kısa yanıtlardan sonra "Benden çekindin mi?" diye sorduğunda Ebru neredeyse ağlayacaktı. Dr. Ercan "Biraz anne babanla konuşalım sonra seninle konuşuruz" deyince bir parça rahatladı ve sessizce odadan çıktı. Kendisi odadan çıkıp anne babası odaya girerken bile Ebru sürekli önüne bakıyor, başını hiç kaldırmıyordu. Anne baba odaya girer girmez çok gergin olduklarını belli ettiler. Soruları yanıtlarken birbirlerine sert sert bakıyor bazen de tartışıyorlardı. Geçinemediklerini, neredeyse her gün kavga ettiklerini söylediler; zaten söylemeseler de huzursuzlukları ilk bakışta anlaşılıyordu.

Anne baba evin genel havası gibi Ebru'nun da mutsuz olduğunu anlatıyordu. Bu sıralar sadece televizyonda "pembe dizileri" izlemekten mutlu oluyor, başka hiçbir şey Ebru'yu mutlu etmiyordu. Anneye karşı çok huysuz davranıyor, sert yapıda olan babasıyla ise zorunlu olmadıkça konuşmuyordu. Her şeye karşı isteksizdi; banyo yapmayı bile reddediyordu. Annenin tüm ısrarlarına rağmen arkadaşlarıyla oynamak için dışarı çıkmıyor, eve misafir gelen ailelerin çocuklarıyla da ya hiç oynamıyor ya da kısa zamanda küsüp tek başına odasında oturuyordu. Yemek yemesi ve geceleri uyuması da sorun olmuştu. Özellikle anne babanın tartıştığı günler hiç yemek yemiyordu. Son iki üç ay içerisinde 2 kilo kaybetmişti. Gece saat birlere kadar oturuyor, uykusu gözünden akmasına rağmen yatağa girmemek için direniyordu. Tabii sabahları da kalkamıyor, kalksa bile "midem bulanıyor" ya da "başım ağrıyor" bahanelerinden birini öne sürerek okula gitmek istemiyordu. Öğretmen de olan bitene anlam veremiyordu. Ebru'nun notları geçen yıla göre çok düşmüştü. Düzenli ödev yapmak bir yana, Ebru artık sınıfta varlığı ile yokluğu belli olmayan dalgın ve yalnız bir çocuk haline gelmişti. En ufak bir uyarıda hemen gözlerinden yaşlar süzülüyordu.

Dr. Ercan ve tedavi ekibinin Ebru, anne baba ve öğretmenle yaptığı değerlendirmeler Ebru'nun eskiden de biraz içedönük ve kaygılı bir çocuk olmasına karşın son iki üç ay içerisinde çok farklılaştığını, iyice yaşamdan koptuğunu ortaya koyuyordu. İçe kapanma, alınganlık, ders başarısında düşme, hiçbir şeye ilgi duymama ve hiçbir şeyden zevk almama belirtileri onun son aylarda yoğun bir depresyon yaşadığını açıkça gösteriyordu. Ebru'nun doldurduğu cümle tamamlama testindeki yanıtları da onun depresyonda olduğunu destekliyordu:

Başkalarına göre ben..... *uyuşuk biriyim.*

Büyüyünce..... *mutlu olacağım.*

Keşke ben..... *mutlu olsam.*

Babam..... *sinirlidir.*

Anlamıyorum neden..... *dikkatimi toplayamıyorum.*

Dikkatli bir gözle bakılınca annenin de yoğun depresyonu olduğu görülüyordu. Babanın ailesine ilgi göstermemesi ve öfkesini kontrol edememesi hem annede hem Ebru'da depresyona yol açan temel nedenlerden birisi gibiydi. Babanın bu olumsuz özellikleri görünüşte sadece eşine ve kızına olumsuz etki ediyordu ama aslında babanın da ruhsal olarak çok sıkıntılı olduğu göze çarpıyordu. Depresyon ilacıyla Ebru'nun tedavisine başlandı. On beş günde bir görüşmelere ve uğraş terapisine çağrıldı. Anne babanın da mutlaka bir psikiyatriste gitmesi önerildi. On beş gün sonra ilk görüşmeye geldiklerinde Ebru'da biraz düzelme vardı. Anne baba ise psikiyatriste gitmemişlerdi. Annenin görüşü, "Babası ve Ebru düzelmedikçe ben düzelmem. Bu nedenle benim psikiyatriste gitmeme gerek yok" biçimindeydi. Anne ısrarlarımız sonucu psikiyatriste gitmeyi kabul etti. Baba ise psikiyatriye hiç inanmıyordu ve ne kendisinin ne eşinin ne de Ebru'nun hiçbir ruhsal sorunu olmadığını düşünüyordu.

Aradan iki üç ay geçtiğinde Ebru'nun depresyonu tamamen geçmiş gibiydi. Artık yaşıtları gibi oyunlara katılıyor, derslerine çalışıyor ve eskisi gibi her şeye ağlamıyordu. Uğraş terapisindeki öğretmeni aradaki farkı şöyle anlatıyordu:

"Ebru ilk geldiğinde eline fırçayı alana kadar on dakika geçiyordu. Şimdi ise hem kendi çalışmasını yapıyor hem de diğer arkadaşlarına yol gösteriyor."

Bu olumlu gelişmelerde annenin de çok önemli payı vardı. Ebru'nun annesi tedavi ekibinin önerileri sonucu psikiyatriste gitmiş, depresyonu neredeyse sona ermişti. Ebru'yu eleştirmekten ya da babasının olumsuz davranışlarını kızına anlatıp sızlanmaktan vazgeçmiş, boş zamanlarını ahşap boyama kursunda geçirmeye başlamıştı.

Ebru ve annesi kliniğimize geldikten altı yedi ay sonra o kadar düzelme gösterdiler ki Ebru'nun babası kendi sinirliliğinden şikâyetçi olmaya başladı. Çünkü küçücük bir şeyden sorun çıkarmasına rağmen Ebru ve annesi onu hoşgörüyle karşılıyor, sorunun büyümesini engelliyorlardı. Baba bu olumlu gelişmelerden etkilenip psikiyatriste gitmeye niyetlendi ancak çeşitli bahanelerle başvurusunu geciktirdi.

Birinci yılın sonunda Ebru'nun depresyon ilacı kesildi. Üç dört aylık aralarla görüşmelere gelmesi önerildi. Ebru'nun babası da bir arkadaşının ısrarıyla psikiyatriste gidip tedavi olmaya başlamıştı. Ebru, annesi ve babası artık yaşamlarından mutluydular.

Bir genç kızın depresyonu
Bayılma, baş ağrısı, sinir krizleriyle giden ağır bir depresyon

Çevre ilçelerden birisinde çalışan bir pratisyen hekim Dr. Ercan'a telaşla telefon etti. Birkaç ay önce muayene ettiği Tuğba adında on altı yaşında bir genç kızın baş ağrısı ve bayılmaları olduğunu, çeşitli uzman hekimler tarafından defalarca muayene edilip tedavisine çalışıldığı halde bir sonuç alınamadığını belirtiyordu. En önemlisi gün geçtikçe bayılma ve baş ağrılarının sıklığında artış görülmesi, ailenin bu şaşkınlık içerisinde olmadık hatalar yapmasıydı.

Tuğba'yı gören hekimler başta migrenden şüphe etmişler ancak migren tedavisinden sonuç alamayınca Tuğba'nın belirtilerinin psikolojik olabileceğini düşünmüşlerdi. Babası kızındaki belirtilerin bedensel bir hastalıktan değil psikolojik bir nedenden kaynaklandığını öğrenince Tuğba'nın bilerek hastalık taklidi yaptığını sanıp onu dövmüştü. Bu olaydan sonra Tuğba'nın baş ağrıları ve bayılmaları iyice artmış, ağlama krizleri ve aşırı içe kapanma nedeniyle tüm ailesi paniğe kapılmıştı. Ne yapacağını şaşıran aile, çevredekilerin önerileriyle Tuğba'yı "üfürükçülere" bile götürmüştü. "Üfürükçülerin" önerisiyle Tuğba'ya içirilen çeşitli sular ve benzeri uygulamalar zaman kaybından başka hiçbir işe yaramamıştı.

Sonuçta Tuğba iyice kronikleşmiş bir depresyonla Dr. Ercan'ın kliniğine başvurmuştu. Dr. Ercan kendisiyle konuşmaya başladığında Tuğba bir hayli isteksizdi. Ne tedaviden ne de yaşamdan bir beklentisi kalmıştı. Mutsuzluk, bayılmalar, sinir krizleri ve baş ağrıları onu bunaltmış, ailesinden gördüğü tepkiler ise iyice çaresiz bırakmıştı. Cümle tamamlama testindeki yanıtları içinde bulunduğu sıkıntılı durumu açıkça ortaya koyuyordu:

Hayat..... *bana hiçbir şey ifade etmiyor.*

Erkekler..... *benim gibi pısırık, içine kapanık kızlardan hoşlanmıyor.*

Eskiden ben..... *hayata bağlıydım.*

Arkadaşlar..... *alıngan olduğum için beni sevmiyorlar. Benim moralimi bozmak için ellerinden geleni yapıyorlar.*

En utandığım şey..... *güçsüz olduğumun kanıtı olan gözyaşlarım.*

Tuğba depresyondaydı. Yapılan incelemeler Tuğba'nın bayılması ve baş ağrısı gibi bedensel rahatsızlıklarının depresyon belirtileri olduğunu gösteriyordu. Tedavisi için sadece Tuğba'nın değil tüm ailenin ele alınması gerekliydi. Tuğba ve anne babası bu görüşümüze katıldı. Tuğba'nın tedavisi ile anne baba rehberliği eşzamanlı olarak yürütülmeye başlandı. Çok kısa sürede başlayan olumlu gelişmeler uzun süreli bir terapiyle desteklendi ve Tuğba'nın umutsuz günlerinden eser kalmadı...

Mutsuz (depresyondaki) bir çocuğun anne babası ne yapmalıdır?

• Çocuğunuzun depresyonda olduğundan şüpheleniyorsanız vakit kaybetmeden bir çocuk psikiyatrisi uzmanına başvurmalısınız.

"Dur bakalım geçer" tavırları çocuğun depresyonunun kronikleşmesine ya da çok daha olumsuz sonuçlara yol açabilir. Depresyondaki çocuklar ile gençlerde kendini öldürme tehlikesinin yüzde 20'ye varan oranlarda olması bu konuda çok tedbirli ve uyanık olmayı gerektirir. Ancak çocuk psikiyatristiniz çocuğunuzda depresyon olmadığını, durumunun normal olduğunu söylerse biraz zaman ve para dışında hiçbir şey kaybetmezsiniz.

• Çocuğunuz depresyondayken eskisinden daha anlayışlı davranmalısınız.

Bu daha anlayışlı olma çocuğun her dediğinin yapılması anlamına gelmiyor, eskisine göre ders çalışma ya da düzenli olma gibi konularda ona daha hoşgörülü davranılması anlamına geliyor.

• Mümkün olduğunca tartışmaya girmekten ya da onu ikna etmeye çalışmaktan kaçının.

Çocuğunuzun şu anda söyledikleri gerçek düşüncelerinden çok geçirdiği hastalık nedeniyle içindeki sıkıntıdan kaynaklanan sözlerdir. Tartışmak her iki tarafın da daha fazla sinirlenip gerginliğin artmasından başka bir işe yaramaz. Konuyu değiştirmeye çalışın, hâlâ sizinle tartışmak için sizi zorluyorsa bir bahane bularak ortamdan uzaklaşın. Çocuğunuzun bir süre sonra sakinleşmesi olasılığı yüksektir. Ancak depresyondaki bir çocukla tartışıp onu ikna etmek neredeyse olanaksızdır.

• Depresyondaki çocuk ve gençlere nasihat etmeyin.

Depresyon bir hastalıktır. Nasihatle ya da örnek vermekle geçmez. Nasihat çocuğun sıkıntısını artırmak ya da aranızdaki ilişkiyi bozmak dışında hiçbir işe yaramaz. Çok gerekli olduğunu düşünüyorsanız, görüşlerinizi uygun bir zamanda ve çok kısa olarak dile getirin.

• Depresyondaki çocuk ya da ergenleri olumsuz çevrelerden koruyun.

Depresyondaki çocuğun ya da ergenin olumsuz bir çevrenin içine düşmemesi için uyanık olun. Ona hissettirmeden onu denetim altında tutun. Yanlış arkadaş çevreleri depresyondaki birçok genci suça ya da alkol veya uyuşturucu madde kullanımına iterek depresyonu çok daha kötü yerlere götürüp iyileşme olanağını azaltabilir.

• Kardeşlerinin zarar görmesini engelleyin.

Depresyondaki çocuklar kendilerinden küçük kardeşlerinin canını yakabilir, abla ve abilerini ise sinirlendirebilirler. Bu nedenle kardeşlerine olumsuz etkileri olan depresyonlu çocuk ve genci mümkün olduğunca kardeşleriyle denetim olmaksızın uzun süre yalnız bırakmayın. Abla ya da abisiyle konuşup bunun gelip geçici bir hastalık dönemi olduğunu belirtin. Ondan da sizin gibi kardeşine karşı biraz daha anlayışlı olmasını bekleyin. Bu arada abla ve abilerin kardeşlerinin depresyonunun düzelmesinde ne gibi roller alacağını birlikte belirleyin, onların olumlu davranışlarını pekiştirip ödüllendirin. Depresyondaki ergenlerin küçük kardeşlerini de abla ya da abisinin bugünlerde gergin olduğu ve onu rahatsız etmemesi gerektiği biçiminde uyarın.

• Çocuğunuzun öğretmenini bu konuda bilgilendirin ve öğretmenle daha sık görüşün.

Öğretmenin çocuğun depresyonda olduğu konusunda bilgilenmesi çok yararlıdır. Çocuğun bazı davranış sorunlarının ve başarı azalmasının bir hastalıktan kaynaklandığını anlayan öğretmen çocuğunuza daha anlayışlı ve destekleyici yaklaşacaktır. Öğretmenler depresyonu olan çocuk ve gencin derslerine yardımcı olabilirler. Eğitim yükünü çocuk ve gencin baş edebileceği bir duruma getirebilirler.

- **Kendinizi suçlamayı bırakın.**

Depresyon pek çok psikiyatrik bozukluk gibi biyolojik, psikolojik ve sosyal nedenlerden oluşan bir hastalıktır; sizin çocuğunuzda hangi nedenle başladığını bulmak pek mümkün olmayabilir. Birçok durumda hem kalıtımın, hem biyolojik etkenlerin hem de çevrenin değişik ölçüde payları vardır. Çocukları depresyonda olan ailelerde kendilerini suçlamaya eğilim yüksektir. Aşırı suçlanma ise depresyonu daha kötüleştirir. Suçlanma duygularını daha etkin ve çocuğunuzun depresyondan çıkmasına yardımcı olabilecek yöntemlere dönüştürün. Ayrıca çoğu zaman birçok etkenin depresyonun oluşumunda bir arada rol oynadığından tek bir etkenin söz konusu olmadığını göz önünde tutun. "Biz şöyle yaptık" ya da "Şöyle yapamadım onun için bu çocuk hasta oldu" gibi kendi kendinizi boş yere suçlamak yerine bundan sonra doktorunuzun önerileri ışığında daha iyi bir anne babalık yapmaya çalışın. Kendinizi suçlayıp moralinizi bozmanız en başta çocuğunuzun tedavisi için harcayacağınız çabayı azaltacaktır.

- **Önerilen tedavi programını eksiksiz uygulayın.**

Birçok çocuk ve gençte depresyon tamamen ve çoğunlukla kalıcı bir hasar bırakmadan iyileşen bir hastalıktır. Çok az sayıda genç ve çocukta belirli olumsuz koşullar altında tam düzelmeyebilir, düzelmesi uzun zaman alabilir, ender durumlarda kendini zedeleyici davranışlar, intihar girişimleri ve intiharla sonuçlanabilir. Bu nedenle iyi bir çocuk psikiyatristi ya da bu konuda eğitim ve deneyimi olan bir çocuk hekimi ya da diğer ruh sağlığı uzmanlarıyla çalışmaya gayret edin. Çocuk ve gençlerde depresyon tedavisinde antidepresan ilaçlar ve çeşitli psikoterapi yöntemleri ve duruma uyan eğitsel girişimler bir arada kullanılmalıdır. Önerilen ilaçları kulaktan dolma sözlerle kullanmamak yoluna gitmeyin. Unutmayın ki başvurduğunuz çocuk psikiyatristi ya da diğer hekimler bu konunun yıllarca eğitimini almış deneyimli uzmanlardır. Ancak size bu ilacı kullanmamayı öğütleyen kişilerin böyle bir donanımı yoktur.

4. bölüm

Çocuklar neden depresyona girer?

Çocukluk depresyonunda kalıtım, beyin biyokimyası, ev içi huzursuzluk, arkadaş ilişkileri, ders başarısızlığı, ergenlik, dayak yeme, ihmal edilmenin yeri

Psikiyatrik bozuklukların pek çoğunda olduğu gibi çocukluk çağı depresyonunun ortaya çıkması da tek bir nedene bağlanamaz. Çocukluk çağı depresyonu, biyolojik, psikolojik ve sosyal etkenlerin belirli bir oranda etkilemesi sonucu oluşur. "Biyo-psiko-sosyal model" olarak adlandırılan bu durum bazı çocukların depresyona girmesinde biyolojik, bazı çocukların depresyona girmesinde psikolojik, bazı çocukların depresyona girmesinde ise sosyal ya da çevresel etkenlerin daha fazla rol oynayabildiğini ama diğer etkenlerin de az veya çok rolü olduğunu ifade eder. Örneğin on bir yaşında bir erkek çocuk babasının işlerinin bozulmasından birkaç ay sonra depresyona girerse, babanın işlerinin bozulması çocuğun depresyona girmesinde önemli bir rol oynamış olabilir. Ancak babanın işlerinin bozulması yüzünden çocuğun depresyona girdiği gibi, bire bir neden-sonuç ilişkisi oluşturulamaz. Aynı durumda olan pek çok çocukta hatta o çocuğun kardeşinde bile depresyon görülmeyebilir. Yani babanın işleri bozulunca genetik ya da biyolojik olarak depresyon yatkınlığı olan çocuk depresyona girmiş olabilir.

Diğer bir örnek de on üç yaşında her şey yolunda giderken aniden depresyona giren bir kız çocuğudur. Annesinin ve halalarının daha önce depresyon geçirmeleri bu kız çocuğunun depresyona girmesinde kalıtımsal etkenlerin önemli bir rol oynadığını düşündürür. Ancak bu kız çocuğunun yaşadığı ve görünüşte önemsemediği ufak bir sınav başarısızlığının da bu depresyonda tetikleyici bir rolü olabilir.

Bu bölümde çocukluk depresyonuna neden olan etkenler ayrıntılı olarak açıklanacaktır. Böylece, bir yandan çocuklarda depresyon görülmesinin nedenlerinin bilinmesi amaçlanırken diğer yandan çocuklarının depresyona girmemesi için anne babaların yapabileceklerinin öğrenilmesi sağlanmaya çalışılmıştır.

Kalıtım

Çocukluk çağı depresyonunun ortaya çıkmasında en önemli etkenlerden birisi kalıtımdır. Çocukluk depresyonunda kalıtımın etkili olup olmadığını araştıran çalışmalarda şu sonuçlar elde edilmiştir:

- Depresyonda olan çocukların yakın akrabalarında normal çocukların akrabalarından daha fazla depresyona rastlanmaktadır. Araştırmalar, depresyonu olan çocukların başta anneleri olmak üzere, birinci derecede akrabalarının depresyona girme risklerinin normal çocukların birinci derece akrabalarından dört kat fazla olduğunu göstermektedir.

- Depresyondaki erişkinlerin çocuklarında normal erişkinlerin çocuklarından daha sık depresyon görülmektedir. Yapılan araştırmalar, anne babanın depresyonda olması durumunda çocuklarında depresyon görülme olasılığının üç kat artacağını göstermektedir. Hem annede hem babada depresyon bulunması durumunda çocuğun depresyona girme riski çok daha yüksektir.

- Evlat edinilmiş çocuklarla yapılan araştırmalar çocukluk depresyonunda kalıtımın rolünü desteklemektedir. Evlat edinilmiş ve depresyonda olan çocukların biyolojik akrabalarında evlat edinilmiş ama depresyonda olmayan çocuklardan sekiz kat daha fazla depresyon görülmektedir.

- Kalıtımla ilgili araştırmalarda en önemli konulardan birisi ikiz çalışmalarıdır. Çünkü ikizler kalıtımsal yapı olarak birbirlerine çok benzemektedirler. Bu nedenle bir hastalığın meydana gelmesinde kalıtımın rolü varsa, ikizlerin ikisinde birden o hastalığın görülme olasılığı normal toplumdan çok daha yüksek oranda olması gereklidir. Çocukluk depresyonuyla ilgili ikiz çalışmaları, *tek yumurta* ikizlerinin birisinde depresyon varsa diğer ikiz eşinde görülme olasılığının yaklaşık olarak yüzde 60 oranında olduğunu göstermektedir. *Çift yumurta* ikizlerinden birisinde depresyon varsa diğerinde de bu bozukluğun olma olasılığı ise yaklaşık yüzde 20'dir.

- Erişkinlerde depresyonun görülmesinde kalıtımın yaklaşık olarak yüzde 50'lik etki yaptığı, geri kalan yüzde 50'lik etkinin psikolojik, ailesel ve çevresel etkenler sonucu oluştuğu ortaya konmuştur.

- Çocuklarda depresyonun oluşmasında etkili olan öznel (tek) bir genin bozukluğu gösterilememiştir. Yani çocukluk depresyonunun birden fazla genle kalıtıldığı düşünülmektedir.

Eğer bir hastalık sadece kalıtım sonucu ortaya çıksaydı birbiriyle aynı genetik yapıya sahip olan tek yumurta ikizlerinin ikisinde birlikte hastalık görülme oranının yüzde 100'e yakın olması beklenirdi. Oysa tek yumurta ikizlerinin birisinde depresyon varsa diğer ikiz eşinde görülme olasılığı yüzde 60 oranındadır. Ayrıca ailelerin ve çocukların birlikte, aynı psikolojik ortamı paylaştıkları göz önüne alınırsa kalıtımın çocukluk depresyonundaki yerinin yüzde 50'lerden fazla olmadığı ortaya çıkar. Bu konunun daha iyi anlaşılabilmesi için şu örnek verilebilir: Aynı mikroplu yiyeceği yiyen bazı çocuklarda çok ağır zehirlenme belirtileri görülürken, diğerinde çok hafif bir belirti görülür, bir diğerinde ise hiçbir belirti görülmez. Yani o mikroba karşı çocuğa kalıtılmış olan direnç çocuğun o mikropla hasta olup olmayacağında önemli rol oynar.

Sonuç olarak, yukarıda özetlenen araştırma verileri çocukluk depresyonunda *kalıtımsal yatkınlığın* olabileceğini fakat çocukluk depresyonunun ortaya çıkışında ailesel ve çevresel etkenlerin de rol oynadığını ortaya koymaktadır.

Beyindeki kimyasal maddeler ve çocuklarda depresyon

Beyindeki hücreler arasındaki iletişimi sağlayan kimyasal maddelerle (nörotransmiterler) depresyonun ilişkisi çoğunlukla depresyondaki erişkinlerde araştırılmıştır. Bu araştırmalarda depresyondaki bireylerde beyindeki serotonin ve noradrenalin adlı kimyasal maddelerin normalden düşük olduğu gösterilmiştir. Zaten depresyon tedavisinde kullanılan ilaçlar serotonin ve noradrenalin düzeylerini normale getirerek depresyonun geçmesini sağlamaktadır. Depresyondaki çocuk ve ergenlerle yapılan az sayıda araştırmada da beyindeki serotonin adlı maddenin normalden düşük olduğu görülmüştür.

Hormonal etkenler

Depresyondaki erişkinlerde, ergenlerde ve çocuklarda bazı hormonal bozuklukların bulunduğu gösterilmiştir. Ayrıca ergenlerde depresyonun çocuklara oranla çok daha fazla görülmesi de bu bulguları desteklemektedir. Çünkü ergenlik döneminde vücutta önemli bir hormonal değişim olmaktadır. Depresyonla ilişkisi en fazla gösterilen hormonal bozukluklar kortizon ve büyüme hormonunun salgılanmasındaki bozukluklardır. Ancak bu hormonların salınımındaki bozukluklar depresyondaki çocuk ve ergenlerin bir kısmında görülmekte bir kısmında görülmemektedir. Bu nedenle kortizon ve büyüme hormonunun salınımındaki bozuklukların doğrudan çocukluk depresyonuna neden olduğu söylenemez.

Psikolojik etkenler ve çocukluk depresyonu

Anne baba ile çocuk ilişkisinde bozukluklar

Çocukluk depresyonunun psikolojik nedenleri arasında anne-çocuk ilişkilerindeki bozukluklar çok önemli bir yer tutar. Çocukların psikolojik gelişimlerinde en önemli konu bebeklikte ve çocuklukta anne babayla kurdukları ilişkidir. *Özellikle yaşamın ilk yılında çocuk ile anne arasındaki ilişkinin kalitesi çocuğun ileriki yaşamında ruh sağlığını derinden etkilemektedir.* İlgili, sevecen, çocuğun isteklerini zamanında karşılayan bir anne, çocuğunun kendine güvenli bir kişilik oluşturmasının temellerini atar. Oysa çocuğun duygusal ve fiziksel beklentilerine duyarsız olan bir annenin çocuğu, yaşamın ilk yıllarından itibaren güvensizlik ve endişe duygularını taşımaya başlar.

Anne çocuğun davranışlarını son derece yakından izlemeli, gereksinimlerini zamanında karşılamalı ve onun farklı bir birey olduğunu göz önünde tutmalıdır. Yani "Ağlamayan çocuğa meme vermezler" sözüne itibar edilmemeli, çocuğa önemli ve sevilen bir varlık olduğu açıkça ve sürekli olarak hissettirilmelidir. Çocuk önemli ve sevilen bir varlık olduğunu ne kadar fazla hissederse kendilik sevgisi ve kendisine saygısı o kadar fazla olacaktır. Çocuğun tutarlı ve güvenli bir insan olabilmesi için anne de çocuğuna tutarlı davranmalı ve güvenli bir anne-çocuk ilişkisi kurmaya çalışmalıdır. Yaşamın ilk yılı içinde özellikle anne ya da temel bakımı veren kişi için geçerli olan bu öneriler doğal olarak baba için de geçerlidir. Anne baba ile çocuk arasında yaşamın ilk yıllarından itibaren olumlu bir ilişki kurulduğunda çocuğun depresyona girme olasılığı çok belirgin olarak azalacaktır.

Yaşamın ilk yılı, yani çocuğun duygusal ve fiziksel beslenmesinin ön planda olduğu dönem psikiyatride "oral (ağız) dönem" olarak adlandırılır. Bu dönemde iyi bir anne-çocuk bağının kurulamaması, çocuğun geleceğini olumsuz yönde etkileyebilir. Okul öncesi dönemde de anne babasından yeterli ilgiyi görmeyen, değerli bir varlık olduğu hissettirilmeyen çocuklar bu ilgi ve desteği gören çocuklardan çok daha yüksek oranda depresyona girmektedirler. Bunun en önemli kanıtı olumsuz koşullardaki bakımevlerinde büyümekte olan çocuklarda görülebilen depresyondur. Gerçekten de olumsuz koşulları olan bakımevlerinde yetişen iki üç yaşlarındaki çocuklarda bile depresyon görülebilmektedir. Bu çocuklar akranlarına oranla daha az gülmekte, daha çok ağlamakta, etraflarına daha az ilgi göstermekte ve daha az oyun oynamaktadırlar. Anne baba yoksunluğu ile depresyon belirtileri birbirlerine benzemektedir. Ancak olumsuz koşullarda büyüyen çocukların ne kadarının depresyonda olduğu, ne kadarının normal çocukluklarını yaşamadıkları için mutluluğu öğrenemedikleri konusunun çok iyi incelenmesi gerekir.

Sonuç olarak bebeklik dönemindeki bir çocuk sadece beslenip, altı temizlenen ve etrafındaki çevrenin farkında olmayan bir varlık değildir. Bırakın bebeklik dönemini, anne karnındaki çocuk bile annenin yaşadığı duygulardan derinden etkilenebilmektedir. Bu nedenle bebeklik döneminde çocuk ile anne arasındaki ilişkiye son derece önem verilmelidir. Özellikle doğum sonrası depresyonu olan annelerin, bebekleriyle olumlu bir bağ kurmak için çok yoğun bir psikiyatrik yardım almaları gereklidir.

Anne babanın çocukları arasında ayrım yapması

Çocuğun ihmal edilmesi anne babanın bilinçli bazen de bilinçdışı duyguları sonucu olabilir. Çocuk ayırma, yani anne babanın bir çocuğa aşırı ilgi gösterip diğerini ihmal etmesi, anne babanın kendi yetişme biçimiyle ya da bilinçdışı duygularının etkisiyle oluşabilir. Örneğin toprakla uğraşan, işlerini yürütmek ve ileride mirasını bırakmak için bir erkek çocuğun mutlak gerekli olduğunu düşünen bir baba erkek çocuğuna aşırı ilgi gösterip kız çocuklarını ihmal edebilmektedir. Yine ilk çocuğunu arkadaşı, yoldaşı gibi gören bir anne ona düşkünlük gösterirken, diğer çocuklarına karşı bilinçdışı bir ilgisizlik yaşayabilir. Başka bir örnek de aşırı derecede başarı beklentisi olan anne babalardır. Başarılı olan çocuğa tüm ilgiyi ve sevgiyi göstererek onu evin "esas oğlanı" ya da "esas kızı" durumuna getirip başarısız olan çocuğu ihmal etmeleridir. Hatta daha ileri gidip çocukları açıkça birbiriyle kıyaslayan anne babalara bile rastlıyoruz.

Türkiye'de çok sık rastlanan bir durum da, anne babanın kendi anne babasının adını verdiği çocuğunu anne babasını "ölümsüzleştiren" bir varlık olarak görüp ona karşı çok hoşgörülü davranması, diğer çocuklarını ise ihmal etmesidir. Bu anne babalar, çocuklarının kendi aralarındaki anlaşmazlıklarda da hep anne babaları yerine koydukları çocuğun tarafında yer alıp diğer çocuğun duygusal zedelenme yaşamasına neden olabilirler. Diğer yandan, kardeşlerine oranla çok fazla ilgi gören ve olanak tanınan çocuk istemeden neden olduğu bu haksızlıktan dolayı bilinçdışında yoğun suçluluk duyguları yaşayabilir. Sonuç olarak anne babanın çocuklarına eşit davranmaması, kayırılan çocukta bilinçdışı suçluluk duygularına ve kendine yapılan ayrıcalığa layık olmak için sürekli bir gerginliğe yol açabilir. Geri plana atılan çocukta ise incinme, öfke ve yetersizlik duyguları oluşabilir. Her iki çocuğun da ruhsal gelişimini bozabilecek bu duygular, çocuk ve ergenlerde önemli mutsuzluk kaynağı olabilir. Bu durumda hem ayrıcalıklı davranılan hem de geri plana atılmış çocuk için depresyon riskinde belirgin bir artış söz konusudur.

Çok erken ya da geç yaşta anne baba olma

Çocuğun gereken ilgiyi görmemesi, uzun süre mutsuzluk içinde yaşaması, yetersiz anne baba sevgisi, okul ve yaşamın diğer alanlarında sürekli başarısızlıklara uğrama, önemli sevgi ilişkilerinin yitimi gibi ailesel ve çevresel etkenler depresyona yatkınlığı artırabilir. Diğer bazı yaşam olayları da depresyona yatkınlığı artırabilir. Örneğin çok genç yaşta evlenip, henüz gençliğini yaşamadığını düşünen anne baba için bebeğin fiziksel ve ruhsal ihtiyaçları bir angarya gibi algılanabilir. Çocuğun bakımı anneanne ya da babaanneye yüklenebilir veya sürekli mutsuz ve kızgın bir ruh hali içerisinde yürütülebilir.

Diğer yandan çok ileri yaşta anne baba olan bazı ebeveynler çocuğa gerekli ilgiyi göstermek için kendilerinde yeterli enerjiyi bulamayıp, çocuğun gereksinimlerini söylenerek ve yeterli sevecenliği gösteremeyerek karşılayabilirler. Doğal olarak çok genç ya da ileri yaşlarda anne baba olan bireylerin tümü için bu durum geçerli değildir. Aslında anne babalık sanatında önemli olan anne babanın yaşı değil, kişiliği ve evlat yetiştirmeye ruhen hazır olmasıdır. Çok erken ya da geç yaşta anne baba olma ve stresli yaşam koşulları gibi olumsuz koşullar sadece bazı anne babaların çocuklarını ihmal etmelerine neden olur. Ancak her türlü olumsuz koşulda bile anne babalık sanatını kavramış ebeveynler çocuklarına gerçekten ilgili ve sevecen davranabilirler.

Dayak ve cinsel istismar

Çocuklarda depresyon görülme riskini artırabilen en önemli sorunlardan birisi çocuğun fiziksel ya da cinsel olarak istismara uğramasıdır. Ne yazık ki ülkemizde pek çok anne baba çocuklarını yetiştirirken dayağa başvurmaktadır. Oysa yapılan araştırmalar dayağa maruz kalan çocuklarda depresyon ve diğer önemli psikiyatrik bozuklukların, dayağa maruz kalmayanlardan çok daha sık görüldüğünü ortaya koymaktadır. Buna karşın toplumumuzda "çocuk gerektiğinde dövülmelidir" biçiminde son derece zararlı bir inanış vardır. Hatta bazı anne babalar çocuğun baş bölgesi dışındaki yerlere, örneğin eline ya da poposuna hafifçe vurmanın dayak sayılmadığını düşünürler. Oysa bu çok yanlış bir düşüncedir. Küçük yaştaki çocukların kafasına ya da yüzüne gelen darbeler beyin gelişimini etkileyebilir, ancak çok acı verse de vermese de her türlü fiziksel şiddet çocuğun duygusal gelişimine tahmin ettiğimizin çok üstünde zarar verir. Buna ek olarak dayak çocuğa yaptığı yanlış davranışı düzeltmesini sağlamaz, sadece anne babaya ve kendisine karşı olumsuz bir duygu geliştirmesine neden olur, çocuğun kendisine saygısını azaltır ve ilk fırsatta yaptığı olumsuz davranışı tekrar edip yaşadığı acı ve çaresizlik duygusunun intikamını almasına yol açar.

Dayak çocuğun kendisine duyduğu saygıyı azaltır; suç işlediği için kendisine, bu şekilde cezalandırıldığı için anne babaya karşı bilinçli ya da bilinçdışı öfke duyguları yaşamasına yol açar ve bu duygular çocukların depresyona yatkınlığını artırır. Bu nedenle çocuğa olumsuz davranışları için dayak cezası değil eğitici cezalar verilmelidir. Örneğin küçük çocuklara sandalyede oturma ya da oyuncağını bir süre için vermeme cezası, daha büyük çocuklara sokağa çıkmama veya televizyon izlememe cezası verilebilir. Bu tür cezalar çocuğa sevdiği şeyden mahrum kaldığı süre boyunca neden böyle bir ceza aldığını düşünmesi ve yaptığı davranışın olumsuzluğunun farkına varması şansını tanır. Başlangıçta çocuğun ağlama gibi tepkileri nedeniyle bu tür cezaları uygulamak zor olsa da, anne baba tutarlı ve kararlı bir tutum izlerse kısa zamanda çok olumlu sonuçlar alınır. Bu tür cezalar dayağın oluşturduğu ruhsal örselenme yerine, çocuğa yaptığı olumsuz davranışın farkına varmayı öğrenme, hayatın iyi ve kötü yanlarını görme, kendi özgürlüğünün sınırsız olmadığını algılama olanağını sağlar.

Dayağa göre çocuğun gelişimini çok daha olumsuz etkileyen cinsel istismar son yıllarda en çok dikkat çeken konulardan birisidir. Cinsel istismar, çocuğun bir akrabası ya da tanıdığı bir erişkin tarafından cinsel haz almak için kullanılmasıdır. Cinsel istismarın çocuk ruh sağlığına olumsuz etkileri genellikle Batılı ülkelerde araştırılmıştır. Ancak tüm toplumlarda çocukların cinsel olarak istismar edildiği bilinmekte, ülkemiz gibi gelişmekte olan ülkelerde ise cinsel istismar çoğunlukla örtbas edilmektedir.

Dayağa oranla çok daha ağır psikolojik örselenmeye yol açan cinsel istismar çocukluk ile ergenlik döneminde depresyonu ve daha ağır psikiyatrik bozukluklara yol açmakla kalmaz çocuğun tüm yaşamı boyunca ağır psikolojik sıkıntılar yaşamasına neden olabilir. Cinsel istismara uğrayan bir çocuğun tedavisi hayli güç ve bazen tam olarak başarılamayan bir süreç olduğundan, çocukların cinsel istismardan korunması son derece önemlidir. Araştırmalar çocukları cinsel olarak istismar edenlerin genellikle alkol veya uyuşturucu bağımlılığı olan bir yakının ya da tanıdık bir ailenin yaşça büyük çocukları olduğunu ortaya koymaktadır. Ailelerin bu gerçekleri göz önünde bulundurarak dikkatli olmaları ve çocuklarını bu konuda eğitmeleri gereklidir.

Cinsel istismarı önlemek için uygulanabilecek en iyi yöntem çocukların bu konuda eğitilmesidir. Çocuklara cinsel bölgelerinin mahrem olduğu ve bu bölgeleri kesinlikle kimseye elletmemeleri gerektiği açıkça anlatılmalıdır. Ayrıca çocuğa, kendisine cinsel yolla yaklaşmak isteyen birisinden uzaklaşıp hemen yardım istemesi ve bu tür bir olay yaşadığında hemen anne babaya haber vermesi gerektiği söylenmelidir. Çünkü çocuklar kendileri cinsel istismarın kurbanı oldukları halde bundan suçluluk duyabilir ve anne babadan gizleyebilirler. Bazen de çocuğu istismar eden kişi, bu olayı anne babasına söylemekle tehdit edip çocuğu sürekli taciz etmeye kalkabilir.

Son olarak belirtilmesi gereken, dayak ve cinsel istismarın çocuklarda "travma sonrası stres bozukluğu" diye tanımlanan bir kaygı bozukluğuna yol açabildiği ve travma sonrası stres bozukluğunun da depresyona yatkınlığı çok fazla artırdığıdır.

Anne babada depresyon ve diğer psikiyatrik bozukluklar

Çocuklarda depresyonla ilişkisi en açık olarak gösterilmiş olan durumlardan birisi anne babadan birinin depresyonda olmasıdır. Çocuğun iyilik durumu birçok yönden anne babanın iyilik durumuna bağlı olduğundan anne babanın depresyonda olmasının çocuğa yansıması son derece doğaldır. Anne babanın her ikisi de depresyon yaşıyorsa çocukta depresyon ortaya çıkma riski çok daha fazla artmaktadır. Hem anne hem baba depresyonda olduğunda aile yaşamı depresif özelliklerle dolmakta, bu da çocuğun mutsuzlukla büyümesine yol açmaktadır. Depresyonun doğası gereği kendine güvenini kaybetmiş, gergin, mutsuz, çevreye ilgisi azalmış, enerji düzeyi düşmüş ve gece uykuları bozulmuş olan anne baba, çocuğun ruhsal ihtiyaçlarını karşılamada yetersiz kalabilmektedir. "Anne-baba-çocuk ilişkisinde bozukluklar" bölümünde söz edilen çocuğuyla olumlu bir ilişkiyi sağlamak becerisi depresyondaki bir anne baba için bir hayli güçtür. Depresyonu olan anne babaların çocuklarına yaşamı olumsuz gösterme, mutluluğu öğretememe gibi olumsuz etkileri, çocukların depresif kişilik geliştirmelerine ve depresyona yatkın olmalarına yol açabilir. Depresyondaki anne babaların zamanında tedavisi çocukta depresif bulguları azaltabilir.

Çocukta depresyon görülmesi ile anne babada depresyon görülmesi arasındaki ilişki kesinlik kazanmıştır. Buna ek olarak, anne babada şizofreni, alkol-madde bağımlılığı, bipolar bozukluk (manik-depresif bozukluk), obsesif-kompulsif bozukluk (aşırı titizlik, evham hastalığı) ve kişilik bozuklukları gibi pek çok psikiyatrik bozukluğun bulunması da çocukların depresyona girmesinde son derece önemli risk faktörleridir.

Mizaç ve depresyon

Her insanda kalıtımla edindiği bir mizaç (huy) özelliği bulunmaktadır. Doğumdan itibaren bazı çocuklar son derece uyumlu, neşeli, yeme içme konusunda sorunsuzken, bazı çocuklar huzursuz, uyumsuz ve sorunlu olabilir. "Zor çocuk" olarak nitelendirilebilecek olan bu çocuklar ile anne baba arasında olumlu bir ilişki kurmak zor olabilir. Anne babanın olumsuz ruh durumu gibi çocuğun zor bir mizaca sahip olması da anne-baba-çocuk arasında iyi bir ilişki kurmayı zorlaştırıp, çocukta depresyon için bir risk etkeni oluşturabilir. Bebeklik ve çocuklukta mizaç bozukluğu olanların ergenlik ve erişkinlik dönemlerinde de depresyona eğilimi olabileceği bilinmektedir.

Ailede huzursuzluk ve çocuklarda depresyon

Bugüne kadar yapılmış olan araştırmalar huzursuz bir ev ortamında büyümüş bireylerde depresyon görülme riskinin arttığını ortaya koymaktadır. Özellikle aile içi şiddet söz konusu olduğunda bu risk çok daha fazla artmaktadır. Anne baba geçimsizliği, aile bireylerinin birbirlerinden kopuk olması, aile içerisinde duygusal yakınlık bulunmaması çocuklarda sadece depresyon görülme riskini artırmamakta aynı zamanda şiddetli davranış sorunları ve diğer psikiyatrik bozuklukların ortaya çıkma risklerini de artırmaktadır.

Anne babanın ölümü

Olumsuz yaşam olayları yaşayan çocuk ve ergenlerde depresyon görülme riski artmaktadır. Anne babanın birisinin ya da ikisinin birden ölümü ise olumsuz yaşam olaylarının en önemlilerdendir. Anne baba kaybının çocuğun depresyona girmesine ne kadar etkili olacağıyla ilişkili başka faktörler de bulunmaktadır. Bunların en önemlileri anne babanın ölümüne kadar ailenin huzurlu olup olmadığı ve anne babanın ölümünden sonra çocuğa iyi bakılıp bakılmadığıdır. Anne babanın kaybından önce ailenin huzursuz olması çocuğun depresyona girme riskini artırır. Diğer yandan anne ya da babanın ölümünden sonra diğer ebeveynin veya çocuğa bakan kişilerin doğru davranışlar göstermesi çocuğun depresyona girmesini önleyebilir.

Yakın bir akrabanın ya da çok sevilen bir arkadaşın ölümü de çocukluk depresyonu için bir risk faktörüdür. Ülkemizde anneanne, babaanne ve dede gibi aile bireyleriyle çok yakın ilişkiler sürmektedir. Bazen çalışan anne babaların çocuklarını anneanne ya da babaanne büyütmekte ve onların ölümü torunlarını derinden sarsabilmektedir. Benzer biçimde yakın bir akraba ya da arkadaşın ölümü çocuğun depresyona girmesini tetikleyebilir. Özellikle bir yakının intihar sonucu ölümü çocukların depresyona girmesinde çok etkili olmaktadır.

Boşanma ve çocuklarda depresyon

Doğal olarak mutlu bir aile ortamı çocukların ruhsal gelişimi için en uygun olanıdır. Anne babanın iyi geçindiği, sevecen bir aile ortamına göre boşanmış bir ailede yer alan çocuk daha fazla ruhsal zorluk yaşamaya adaydır. Ancak boşanmış bir aileden daha kötüsü mutsuz bir aile ortamıdır ve *mutsuz bir aile ortamındansa iyi bir ayrılık çocukların ruh sağlığı için çok daha iyidir.* Üzülerek bazı anne babalardan şu sözleri duyuyoruz:

"Eğer çocuklar olmasa çoktan ayrılırdık. Eşimle aynı evde iki yabancı gibiyiz, çocuklar için birbirimize katlanıyoruz."

Oysa bu anne babalar kendilerine, eşlerine ve de çocuklarına eziyet etmekten başka bir şey yapmıyorlar. Bu anne babalar yıllarca mutsuz bir aile ortamını kendilerine, eşlerine ve çocuklarına yaşatacaklarına, ilişkilerinin düzeltilemeyecek boyuta geldiğini fark ettiklerinde sorunsuz bir ayrılığa yönelseler tüm aile için en doğrusunu yapmış olurlar.

Çocukların anne babalarının boşanmasına tepkisi oldukça değişkendir. Boşanma öncesinde evde yaşananlar, boşanma sırasında çocuğun yaşı ve boşanmadan sonra çocuğun anne babayla ilişkisinin sürmesi çocukların boşanmaya vereceği tepkiyi belirler. Yıllarca çok kötü bir anne baba ilişkisi sonrasında gelen boşanmanın ardından çocuğun depresyon ya da uyum sorunları göstermesi doğaldır. Bu durumda boşanma sonrası yaşayabileceği olası psikolojik sorunlar, boşanmadan çok, sorunlu bir aile ortamında yıllarca yaşamasına bağlanabilir. Diğer yandan küçük yaştaki çocukların boşanmayla baş etmesi daha büyük yaştaki çocuklara oranla daha zor olabilir. Bir diğer konu boşanma sonrasında anne-baba-çocuk ilişkileridir. Anne baba ayrılığından sonra annesi veya babası tarafından aranmayan ya da çok düzensiz aralıklarla aranan çocuklar boşanmadan daha fazla etkilenirler. Benzer biçimde boşanmadan sonra sürekli birbirine karşı düşmanca tutumlar sergileyen ve çocuğuna karşı tarafı kötüleyen anne babaların çocuklarının da daha fazla duygusal sorunlar yaşaması beklenebilir.

Boşanma dolayısıyla anne ya da babayla ilişkisinin kesilmesi veya anne babanın boşanma sonrası depresyon ya da diğer duygusal sorunları yaşaması çocukların ciddi mutsuzluklar geliştirmesine hatta depresyona girmesine neden olabilir. Depresyonu yeni geçen bir genç, anne babanın boşanmasından sonra annesinin depresyona girmesiyle birlikte yeniden depresyona girmişti. Duygularını, "Artık ben annem ile babamın anne babası oldum, gençliğimi onların depresyonunun içinde yitirdim" diye anlatmıştı.

Diğer yaşam olayları ve depresyon: sevgiliden ayrılma, başarısızlık yaşama

Ergenlik döneminde depresyonun başlamasını tetiklediği bilinen olumsuz yaşam olayları arasında en sık görülen ve en önemlilerinden birisi duygusal bir arkadaşlığın sona ermesidir. Önem verilen bir konuda başarısızlık yaşanması ise hem çocukluk hem de ergenlik döneminde depresyonu tetikleyebilir. Ancak çocukları depresyona girmesinde rol oynayabileceği düşünülen tüm etkenler gibi sevgiliden ayrılma ve başarısızlık da depresyon oluşumunda diğer etkenlerle birlikte ele alınmalıdır. Mutlu ve ilgili bir ailede yaşayan bir çocuğun lise giriş sınavında aldığı başarısızlığa tepkisi hafif ve kısa süreli olur. Ancak çocukla değil onun başarılarıyla ilgili, çocuğunu sürekli eleştiren bir anne babanın çocuğu yaşadığı sınav başarısızlığı sonrası depresyona girebilir. Benzer biçimde anne babasıyla yakın ve güvenli bir ilişkisi olan bir kız çocuğu duygusal bir arkadaşlığın sona ermesine birkaç günlük mutsuzluk ya da sinirlilik yaşayarak tepki verip sonra tamamen normal yaşamına döner. Oysa bebekliğinden itibaren güvenli ve yakın bir ilişki kuramamış olan bir ergenin biten bir gönül ilişkisine tepkisi çok daha şiddetli ve uzun süreli olabilir.

Çocukluk depresyonunun psikolojik modeli

Bilişsel çarpıtma

Çocukluk, ergenlik ve erişkinlik dönemlerinde depresyonun oluşumunu açıklamaya çalışan pek çok psikolojik model vardır. Bu yaklaşımların en önemlilerinden birisi olayların olumsuz tarafından değerlendirilmesini anlatan "bilişsel çarpıtma" modelidir. Bilişsel çarpıtma modeline göre depresyonun oluşumunda kişideki bilişsel çarpıtmalar temel etkendir. Bu kişilerde yanlış öğrenme, yanlış algılama, yanlış varsayım, yanlış çözümlere yönelme ve aşırı genelleme vardır. Bu durumda kişinin yaşadığı olayları doğru bir biçimde yorumlamasında zorluklar oluşur. Bu durumdaki çocuklar kendilerini, geleceği, dünyayı ve yaşantılarını olumsuz olarak algılarlar. Örneğin, başarısız bir sınav notu alan bir öğrenci bunu iki farklı biçimde yorumlayabilir:

1) "Bu sınavdan kötü not aldım, ama çalışıp ikinci sınavda başarılı olurum."
2) "Ben aptalın biriyim, benim iyi not almam olanaksız."

Diğer bir örnek de kendisini görüp selam vermeyen bir arkadaş konusundaki farklı değerlendirmedir:

1) "Beni görmediği için selam vermedi, görse verirdi."
2) "Bana selam vermedi, çünkü beni selam verilmeye değmez biri olarak görüyor."

Görüldüğü gibi aynı olay çok farklı biçimde yorumlanabilmektedir: 1. yorumlarda olduğu gibi yaşanan olaya olumlu yönden değerlendirme yapılabilirken, 2. yorumlarda olduğu gibi olumsuz bir bilinçle yaklaşıp olayı aşırı genelleyerek sadece olumsuz tarafından yorum yapılabilmektedir.

Depresyondaki çocuk ve ergenler yaşadıkları olayları normal çocuk ve ergenlere göre daha sık olarak çarpıtılmış bir bilinçle yani 2. yorumlardaki gibi algılarlar. Olayların olumsuz olarak yorumlanmasını sağlayan bilişsel çarpıtmanın nasıl oluştuğu tam olarak bilinmemekle birlikte çeşitli varsayımlar bulunmaktadır.

Birinci varsayım, çocuğun ev ortamında bu tür bilişsel çarpıtmanın bulunmasıdır. Yani anne baba ya da büyük kardeşler de kendi yaşadıkları olayları bilişsel çarpıtmalarla yorumlamakta, çocuk da evdeki büyüklerin bilişsel çarpıtmasını örnek almaktadır.

İkinci varsayım, çocuğa bilişsel çarpıtmanın öğretilmesidir. Yani anne babanın çocuğa bu tür yargılamalarla yaklaşmasıdır. Örneğin bir bardağı kıran çocuğa "Olur böyle dalgınlıklar, hadi gel kırıkları toplayalım" şeklindeki bir yaklaşım çocuğun bir dahaki sefer daha dikkatli olmasını sağlayabilir. Ancak "Gene mi bir şey kırdın, zarar vermekten başka ne işe yararsın ki, çekil toplayayım şunu" biçimindeki bir yaklaşım çocukta bilişsel çarpıtmaların oluşmasına neden olur ve depresif düşüncelere yol açar.

Öğrenilmiş çaresizlik

Çocuklarda depresyonla ilgili diğer bir psikolojik görüş "öğrenilmiş çaresizlik"tir. Hayvanlarla yapılan psikolojik deneylerden köken alan bu görüş, kişinin maruz kaldığı ve kaçma olasılığının bulunmadığı bir olumsuzluğu bir süre sonra kabullenerek tepki vermemeye başlamasıdır. Örneğin bir kafes içerisine konup elektrik verilen bir hayvan başlangıçta kafesin içerisinde koşuşturup kaçmak için bir yol arar. Tekrarlayan şoklardan sonra defalarca denemesine karşın şoktan kaçışın olmadığını anlayan hayvan bir süre sonra şoktan kaçmaya çaba göstermeyip durumu kabullenir. Benzer bir biçimde, sürekli engelleyemediği olumsuz olaylar yaşayan çocuklar da bir süre sonra çaresizlik ve depresyon yaşayabilirler. Örneğin sürekli bir biçimde okul başarısızlığı ya da arkadaşlık kuramama sorunları yaşayan bir çocuk bir süre sonra çaresizliği kabullenip içe kapanma ve depresyon yaşayabilir.

5. bölüm

Çocuklarda ve ergenlerde depresyon tanısı nasıl konulur?

Mutsuzluk uzun süreli olduğunda ve çocuğun ya da ergenin yaşamını olumsuz etkilediğinde çocuk veya gençte depresyon bozukluğu olabileceği düşünülerek ciddi biçimde değerlendirmeler yapılmalıdır. "Depresyon" en az iki hafta, çoğu zaman da çok daha uzun süre, hatta yıllarca sürebilen, kaybolsa bile yeniden ortaya çıkabilen ciddi bir rahatsızlıktır, tedavisi iyi olabilen ve üzerinde birçok araştırma yapılmış bir hastalıktır. Depresyon "takma kafanı", "iradene hâkim ol, kendini bırakıverme", "topla kendini", "bu kadar zayıf olma" gibi başkaları tarafından iyi niyetle söylenen sözler ve öğütlerle düzelmez. Böyle sözler kişinin ruhsal durumuna zarar bile verebilir.

Gelip geçici sıkıntı durumları depresyon olarak değerlendirilmemelidir. Hepimizin kendimizi iyi ve kötü hissettiğimiz günler olabilir. Bir kişide depresyon hastalığı var diyebilmek için kişinin duygusal çökkünlük durumunun en az iki hafta sürmesi ve kişinin iş veya sosyal yaşantısını ya da okul başarısını belirgin olarak etkilemesi gereklidir. Aşağıda yazılı dokuz depresyon belirtisinden en az beş tanesini taşıyan kişilerin depresyonda olması söz konusu olabilir.

Amerikan Psikiyatri Birliği'nin sınıflandırmasına göre depresyon belirtileri

- Kendini mutsuz hissetme.
- Hoşlandığı şeylere ilgide azalma, bu etkinliklerden zevk almama.
- İştah artışı ya da azalmasının olması.
- Uyku bozukluğu (uykusuzluk, aşırı uyuma ya da uykudan yorgun uyanma gibi).

- Huzursuzluk hissiyle sürekli hareket etme isteği ya da aşırı durgunluk veya ağırlık çökmesi durumu.
- Yorgunluk, bitkinlik ya da enerji kaybının olması.
- Kendini değersiz, çirkin ya da suçlu hissetme.
- Bir konuya konsantre olmada güçlük, sürekli kararsızlık yaşama.
- Yineleyen ölüm ve intihar düşünceleri olması ya da intihar girişiminde bulunma.

Altı çizilmesi gereken nokta insanın kendini mutsuz hissettiği her sürecin depresyon olmadığıdır. Örneğin kişi memursa işyerindeki görevlerini, ev kadınıysa ev işlerini, öğrenciyse okuldaki çalışmalarını aksatacak ya da aksatmamak için kendisini aşırı miktarda zorlayacak kadar çökkün bir ruh halinde ise depresyondan söz edilir. Kişinin dış görünümüne verdiği önemde ya da kendisine bakımında azalma bulunması, etkinliklere ilgisiz kalma depresyonun önemli belirtilerindendir. Bazı kişilerde depresyonun en önemli belirtileri bedensel yakınmalar, kendisini sağlıklı hissetmeme ve çeşitli vücut ağrılarının bulunmasıdır.

Çocuk ve ergenlerde depresyon tanısının konulması için yukarıda belirtilen ve erişkinlerde kullanılan tanı ölçütleri uygulanmaktadır. Çocuk ve ergenlerde depresyon tanısı konurken yaşa özgü özelliklerin göz önüne alınması gereklidir. Örneğin erişkinlerde depresyonun iki temel tanı ölçütünden biri olan depresif mizaç (çökkün ya da mutsuz ruh hali) çocuklarda sinirlilik, kolay kızma (irritabilite) biçiminde kendisini gösterir. Yine erişkinlerde belirgin kilo kaybı ya da kilo alımı tanı ölçütü yerine çocuk ve ergenlerde beklenen kilo alımının olmaması ölçütü de kullanılır. Erişkinlerde olduğu gibi çocuk ve ergenlerde de depresyon tanısı konması için yukarıda yazılı dokuz depresyon belirtisinden en az beş tanesinin bulunması ve bu belirtilerin en az iki hafta süreyle devam ediyor olması gereklidir.

Çocuk ve ergende depresyon tanısı konulurken göz önüne alınması gereken bir diğer önemli konu, depresyonun ruhsal, toplumsal ya da okul yaşantısı bakımından önemli derecede sorun yaratıp yaratmadığının belirlenmesidir. Çünkü bir kişide depresyon var diyebilmek için o kişinin duygusal durumunun depresyon nedeniyle önemli ölçüde etkilenmesi veya aile ya da arkadaş ilişkilerinde gözle görülür bir bozulma yaşanması veya okul başarısında önemli oranda bir düşme görülmesi gereklidir.

Çocuklar ile ergenlerde depresyon tanısının konulması (teşhis edilmesi) çok sayıda kaynaktan bilgi alınarak ve çeşitli değerlendirmeler sonucunda gerçekleştirilir. Anne baba ve çocukla görüşme; anne baba, öğretmen ve okulun rehberlik birimi, etüt, spor hocası, çocuğu yakından tanıyan akrabalar gibi gerekli görülen diğer kaynaklardan bilgi alınması; anne baba ve öğretmen tarafından çeşitli testler ile ölçeklerin doldurulması depresyon tanısı konulurken uygulanan işlemlerdir.

Çocuk ve ergenlerde depresyon tanısı konulması için bazen bu değerlendirmeler yeterli olurken bazı durumlarda daha fazla incelemeye gerek duyulur. Psikolojik testler, küçük çocukların oyun sırasında değerlendirilmesi ve ergenlik çağındaki gençlerle yapılan ek görüşmeler çocukta ya da ergende depresyon bulunup bulunmadığını ortaya koymak için yapılabilecek incelemeler arasındadır.

Çocuk ve aileyle ilgili bilgilerin alınması

Gerek çocuk psikiyatrisinde gerekse tıbbın diğer alanlarındaki hastalıklara doğru tanı konulmasında geniş bir hastalık öyküsü alınması ve gerekli bilgilerin toplanması çok önemli bir yer tutar. Depresyon şüphesiyle bizlere başvuran tüm çocuklar değerlendirilirken önce çocuğa ve aileye yönelik bilgiler toplanır. Ailenin adresi, telefon numarası gibi iletişim için gerekli olabilecek bilgiler; anne babanın eğitimi, mesleği, gelir durumu, psikiyatrik ve tıbbi hastalık öyküsü gibi anne baba özellikleri; annenin hamileliğindeki durumu ve çocuğun doğumundan başlayarak sağlık durumu ile gelişim basamakları sorgulanmalıdır. Böylece çocuğun psikiyatriste başvurana kadar geçirdiği gelişim basamakları ve nasıl bir aileden geldiği konusunda bilgi sahibi olarak onu değerlendirmeye daha hazırlıklı başlamış oluruz.

Çocukta depresyonu araştırmak için yapılan görüşmeler sadece depresyonu araştırmakla sınırlı kalmamalı, çocuğun genel bir ruh sağlığı değerlendirmesi biçiminde olmalıdır. Çünkü çocukluk çağı depresyonu genellikle tek başına bulunmaz. Bugüne kadar yapılan araştırmalar ve bizim deneyimlerimiz depresyonu olan çocukların çok büyük bir kısmında başka psikiyatrik bozuklukların da bulunduğunu ortaya koymaktadır. Çocukluk çağı depresyonuna en sık olarak eşlik eden psikiyatrik bozukluklar aşağıda sıralanmıştır:

- Anksiyete (kaygı) bozuklukları
  Obsesif-kompulsif bozukluk (saplantı-zorlantı bozukluğu)
  Ayrılma anksiyetesi bozukluğu
  Fobiler
- Dikkat eksikliği hiperaktivite bozukluğu
- Davranım bozukluğu
- Öğrenme bozukluğu

Bu bozukluklara ilişkin bilgiler ve bu bozuklukların çocuk ve ergenlerde depresyonla bir arada görülmesine yönelik bilgilere "Dokuzuncu bölüm"de yer verilmiştir. Çocukluk çağı depresyonları yukarıda belirtilen ve belirtilmeyen diğer psikiyatrik bozukluklarla çok sık bir arada görülür ve birçok psikiyatrik bozuklukla karışabilir. Bu nedenle hem doğru tanı konulması hem de eşlik eden bozuklukların tedavi edilebilmesi için çocuğun değerlendirilmesinde diğer psikiyatrik bozukluklar da göz önüne alınmalıdır.

Çocukla görüşme

Pek çok kişi bir çocuk psikiyatrisiyle çocuğun yapacağı görüşmeden çocuğun ruhsal durumuna ilişkin kapsamlı ve sağlıklı bir bilgi alınabileceği konusunda şüphelidir. Oysa yapılan araştırmalar çocukluk çağındaki ruhsal bozuklukların tanınmasında çocukla yapılan psikiyatrik görüşmenin son derece önemli olduğunu ortaya koymaktadır. Çocukluk çağı depresyonlarının tanınmasında ise çocukla yapılan görüşmenin öneminin anne babayla yapılan görüşmeden bile daha yararlı olduğu ortaya konmuştur. Kesin bir kural olmamakla birlikte, çocuğun davranış sorunlarına ilişkin bilgileri anne babanın, çocuğun duygusal sorunlarına ilişkin bilgileri ise çocuğun kendisinin daha doğru olarak ifade ettiği düşünülmektedir. Çocuğun yaşadığı depresif duyguları ya da belirtileri bazen anne babalar fark etmeyebilir veya daha sık olarak çocuğuna "kondurmayabilir". Bu nedenle çocukla yapılan görüşme depresyon tanısı konulmasında en temel basamaklardandır ve kesinlikle ihmal edilmemelidir.

Çocuklarla yapılan psikiyatrik görüşme birçok yönden erişkinlerden farklıdır. Çocuklar içinde bulundukları duygusal durumu erişkinler kadar iyi bir biçimde dile getiremeyebilirler. Örneğin suçluluk duyguları ya da kararsızlık gibi depresyon belirtileri erişkinler tarafından çok kolay ifade edilebilirken çocukların bu belirtilerin farkına varıp, sözel olarak anlatabilmeleri bir hayli güçtür. Ayrıca çocuklar neden psikiyatriste getirildiklerinin tam olarak farkında olmadıklarından başlangıçta çekinme ya da güvensizlik duyguları yaşayabilirler. Bu nedenle psikiyatristler çocukla görüşmeye başlarken öncelikle onun rahatlamasını ve güven kazanmasını hedeflerler. Öncelikle çocuğun rahatlıkla yanıtlayabileceği günlük şeylerden konuşmaya başlamak en iyi yoldur. Örneğin "Kaç yaşındasın? Kaça gidiyorsun? Okulunun adı ne? Annen baban ne iş yapar? Kaç kardeşsiniz? Kardeşin kaç yaşında, onunla iyi geçiniyor musunuz? Hangi takımı tutuyorsun, o takımda en sevdiğin futbolcu kim? En sevdiğin çizgi film hangisi, hangi kanalda yayınlanıyor? En sevdiğin dizi, o dizide en sevdiğin kahraman hangisi?" türü sorularla başlayan konuşmaya çocuk psikiyatristi tarafından da bazı yorumlar katılarak, çocuğa karşısındaki kişinin sadece sorular sorup onu değerlendiren ve onun dünyasına yabancı olan bir kişi olmadığı fikri kazandırılır. Zaten bu sorulara çocuğun verdiği yanıtlar sadece çocuğu tanımamızı değil onun ruhsal durumu konusunda bilgi sahibi olmamızı da sağlar. Örneğin sorulan sorulara kısa, göz teması kurmadan, sürekli elbiseleriyle oynayarak, kısa yanıtlar veren bir kız çocuğunun bu davranışı bize çocuğun içedönüklüğü ya da gerginliği konusunda bir fikir verebilir. Diğer yandan, konuşmaya çok çabuk ısınıp rahat ve geniş bir sözcük dağarcığıyla yanıt veren bir çocuğun iyi bir "sosyal zekâya" sahip olduğu düşünülebilir. Bazı çocuk ve gençler ise depresyonlarını başka bir giriş dönemine gerek duymaksızın son derece güzel biçimde anlatabilirler. "Üzüntülü görünüyorsun" gibi bir yoruma gözyaşlarıyla yanıt vererek umutsuzluklarını, kendilerini yok etme istek ve düşüncelerini dile getirebilirler.

Çocukla ilgili genel bilgilerden sonra çocuğun okul ve arkadaş ilişkilerinin sorgulanmasına geçilebilir. Ders başarısı, notlarının nasıl olduğu ve geçen yıllara göre düşüş olup olmadığı sorulur. Çünkü depresyon çocukların dikkatlerini ve derse ilgilerini azaltan bir süreç olduğundan, depresyondaki çocukların büyük bir bölümünde ders başarısında azalma görülür. Yine depresyondaki çocukların arkadaş ilişkilerinde azalma ya da dışlanmaları sık olarak görülebildiğinden bu konu da araştırılmalıdır. Örneğin "En sevdiğin arkadaşın kim? Arkadaşlardan memnun musun? Arkadaşlarla sık sık küstüğün oluyor mu?" gibi sorular sorulmalıdır. Bazen de çocuklar arkadaş ilişkilerindeki bozulmayı en güzel şu soruları yanıtlarken ifade ederler: "Arkadaşlarından memnun musun? Sınıfta kendini beğenip gruplaşanlar, seni istemeyenler oluyor mu?"

Okul ve arkadaş ilişkilerinden sonra çocuğun anne baba ve kardeşleriyle olan ilişkilerine geçilebilir. "Genelde sizin ev mutlu mudur?" ya da "Evde birbirinizle iyi geçiniyor musunuz?" gibi *açık uçlu* sorularla çocuğun ya da gencin evi ve ailesiyle ilgili duygularını rahatça anlatması sağlanır.

Çocuğun ya da gencin günlük yaşamıyla ilgili yukarıdaki bilgileri alırken genellikle çocuk psikiyatristi ile çocuk arasında iyi bir konuşma ortamı ve güven ilişkisi oluşur. Bu durumda depresyon belirtilerinin değerlendirilmesine geçilir. Çocukluk çağında en sık görülen ve çocukların en iyi ifade edebildikleri depresyon belirtileri sinirlilik, mutsuzluk duygusu, kurallara uymada güçlük ve korkular olduğundan başta bu belirtiler olmak üzere depresyon belirtileri sorgulanmalıdır. Depresyon belirtileri araştırılırken de soru-yanıt şeklinde bir sorgulama yapılmamalı, çocukla sohbet ortamının sürdürülmesine dikkat edilmelidir. Ayrıca çocuklar korku gibi bazı depresyon belirtilerini söylemekten utanabilirler. Bu nedenle "Senin yaşında birçok çocuğun çeşitli korkuları olur. Senin de korktuğun şeyler oluyor mu?" gibi rahatlatıcı bir görüşme biçimi kullanılmalıdır.

Daha önceki bölümlerde belirtildiği gibi çocuklukta depresyon sık olarak başka psikiyatrik bozukluklarla birlikte görüldüğünden depresyon araştırıldıktan sonra genel bir ruhsal durum değerlendirmesine geçilir. Deneyimli çocuk psikiyatristleri çocuğun günlük hayatı ve depresyon belirtileri hakkında konuşurken olası diğer psikiyatrik bozukluklarıyla ilgili bir ön izlenim edinirler. Böylece çocuğun ya da gencin genel ruhsal değerlendirmesi çocuk ve genç sıkılmadan gerçekleştirilebilir.

Yukarıda özetlenen çocukla psikiyatrik görüşme bazen karşılıklı konuşma olarak yapılamayabilir. Zaten çocuğun sorulara yanıt vermemesi ya da gösterdiği diğer tepkiler de önemli bir muayene bulgusudur. Bu durumda anne babayla konuşurken çocuğun görüşme odasında kalması tercih edilir. Anne babayla görüşme sırasında çocuğun davranışlarının değerlendirilmesi ya da çocuk ortama uyum sağladıktan sonra onunla tekrar konuşulmaya çalışılması denenir.

Çocukla psikiyatrik görüşme yaparken kullanılabilecek en iyi yollardan birisi de çocuktan resim çizmesi istenip o resmi yaparken ya da resmi bitirdikten sonra onunla yaptığı resim hakkında konuşmaktır. Çocuklar bazen karşılıklı konuşmada anlatamadıkları duygularını resimlerindeki olaylar ve kahramanlar üzerinden dolaylı olarak ifade ederler. Depresyonda olduğu düşünülen çocukların değerlendirilmesinde bu yöntem oldukça yararlı olabilmektedir.

Çok küçük yaştaki çocuklarla yapılan görüşmelerde ise çocuğun depresyonda olup olmadığının belirlenmesi için oyun oynamak yararlı olabilir. Bazı durumda çocukta depresyon tanısının netleşmesi için birkaç oyun seansına gerek görülebilir. Hatta deneyimli uzmanlar tarafından yapılan bu tanı amaçlı oyun seansları depresyondaki çocukların tedavilerinin ilk basamağını oluşturabilir. Depresyondaki çocuklarla yapılan oyun seanslarında mutsuzluk, umutsuzluk, can sıkıntısı, ölüm ve dünyada olduğundan mutsuz olma temalarına sık olarak rastlanabilir. Oyun temalarından ve öykülerden edinilen bilgiler çocuk psikiyatristinin çocuğu daha ayrıntılı tanımasına ve böylece anne babaya daha iyi yol göstermesine yardımcı olabilir. Ayrıca oyun sırasında çocukların düşüncesinde belirlenen karamsar görüşler ve umutsuzluğun çocukla konuşulması bu depresif düşünce biçimlerinin düzeltilmesinde yarar sağlayabilir.

Ergenlerle görüşme

Ergenlerle yapılan psikiyatrik görüşme erişkinlerdekine benzer. Çünkü çocuklara oranla ergenler belirli bir yaşam deneyimi edinmiş ve kendilerini ifade etme yetisi kazanmışlardır. Bununla birlikte ergenlerle görüşme kendi isteğiyle erişkinlerden bazı farklılıklar gösterir. Öncelikle pek çok ergen erişkinlerin tersine psikiyatriste gelmez. Bu nedenle ergenlerle görüşmeye başlarken mümkün olduğunca hoşgörülü olunarak ergenin psikiyatriste ve tedaviye uyumunu sağlamak gereklidir. Kendisi istemediği halde görüşmeye getirilmiş olan ergenin görüşmeye istemeyerek geldiğinin farkına varılması ve bunun anlayışla karşılandığının belirtilmesi ergen ile psikiyatrist arasındaki gerekli güvenin kurulmasına yardımcı olabilir.

Dikkat edilmesi gereken en önemli noktalardan birisi, birçok durumda önce ergenle daha sonra anne babayla görüşmenin daha uygun olduğudur. Bazı gençler ise ilk görüşmede anne babanın yanlarında olmasını isteyebilirler. Gence ve onunla gelen anne babaya nasıl görülmek istediklerini sormak çok yararlıdır. Kimin ne zaman görüşmeye katılabileceği konusunda esneklik gerekir, belirli koşullar önce anne babayla sonra gençle görüşmeyi gerektirebilir.

Depresyondaki ergen ile anne babası arasındaki ilişki genellikle bozuk olduğundan, ergen önce anne babayla görüşüldüğünde kendisinin şikâyet edildiği duygusuna kapılabilir. Bu duyguları taşıyan ergen, *önyargıyla* görüşmelere başlayıp tedavi sürecine etkin bir biçimde katılmayabilir.

Çocuklarla olduğu gibi ergenlerle de önce günlük yaşamı ve ilgi alanlarını konuşarak onu tanımaya çalışmak gereklidir. İlk sorulacak soruların bozukluklarla ilgili olması gerekmez. Tam tersine, ergene kendisiyle ilgili ne gibi olumlu yönler ve özellikler olduğunu sormak daha uygundur. Daha sonra depresyon ve diğer psikiyatrik bozuklukların değerlendirmesine geçilmelidir. Depresyondaki ergenle yapılan ve ona anlaşıldığı hissini veren bir ilk görüşme tedavinin en önemli adımıdır. Çünkü ergen içinde bulunduğu depresyonun, yani anlam veremediği bir sıkıntı ve huzursuzluk durumunun, aslında pek çok gençte olan, kolay tedavi edilebilir bir durum olduğunu öğrendiğinde iyileşme yönünde yol almaya başlayacaktır.

Anne babayla görüşme

Çocukların psikiyatrik değerlendirmesinde anne baba görüşmesi çok önemli bir yer tutmaktadır. Anne babanın birlikte görüşmeye gelmesi her ikisinin de görüşlerinden yararlanılmasına olanak tanıyacağı için oldukça yararlıdır. Eğer anne babadan birisi görüşmeye gelemeyecekse kendi görüşlerini belirten bir not göndermesi ya da psikiyatrist tarafından verilecek bazı testleri doldurması yararlı olur. Birçok anne baba görüşmeye gidemediğinde psikiyatristin edeceği bir telefonla görüşünün alınmasından hoşlanır ve tedavinin bir parçası olmaya daha çok çalışır. Böylece alınan bilgilerin çok yönlü olması sağlanır. Bazı durumlarda gencin anneyle ya da babayla daha olumlu ilgisi olabilir. Hem anne hem babayla görüşülünce gerçeğe daha yakın bilgi alınabilir. Ayrıca alınan önemli kararların hem anne hem de baba tarafından paylaşılması çok önemlidir. Özellikle çok ağır ve intihar riski olan depresyondaki çocuklar ile ergenlerin tanı ve tedavi sorumluluğunun tek bir ebeveyne yüklenmesi doğru olmaz. Bazı çocuk ve ergen psikiyatristleri anne babayla görüşme sırasında çocuğun bulunmasını tercih ederken bazıları anne babayla ve çocukla ayrı ayrı görüşmeyi seçerler. Anne babayla görüşme sırasında çocuğu rahatsız edecek şeyler konuşulmuyorsa çocuğun görüşme odasında bulunmasında sakınca yoktur. Aile içinde ergenin depresyonunu kötüleştiren tutum ve tavırlar üzerinde konuşuluyorsa ergenin görüşmede bulunması çok yararlı olabilir.

Tamamıyla doğru olsun ya da olmasın çocuğun psikiyatrik durumu konusunda anne babadan alınan bilgiler son derece önemlidir. Anne babadan alınan bilgilerin yararlılığı görüşmeci tarafından yöneltilen soruların anlaşılır ve ayrıntılı olmasıyla artırılabilir. Ayrıca deneyimli psikiyatristler anne babadan alınan tüm bilgileri anne babanın psikolojik durumları ve sosyokültürel düzeylerini göz önüne alarak yorumlarlar. Yani psikiyatristler kendilerine verilen bilgileri olduğu gibi almak yerine kendi psikiyatrik süzgeçlerinden geçirerek değerlendirirler. Örneğin kendisi de depresyonda olan bir annenin çocuktaki depresyon belirtilerini abartılı olarak ifade etmesi beklenebilir. Diğer yandan çocuğuyla yeterli ilgilenmediği yönünde çevreden eleştiriler alan ve bilinçli ya da bilinçdışı suçluluk duyguları yaşayan bir baba, çocuğunun depresyon belirtilerini hafifleterek ifade etme eğiliminde olabilir.

Görüşmenin başlangıcında öncelikle anne babayı bir psikiyatri kliniğine başvurmaya yönelten temel şikâyetler öğrenilir. Daha sonra bu temel şikâyetleri daha iyi anlamaya yönelik ayrıntılı sorulara geçilir. Çocuğun depresif belirtilerinin ne zamandan beri var olduğu, hangi ortamlarda azalıp arttığı, ne sıklıkta oluştuğu anlaşılmaya çalışılır. Çocuğun duygusal yapısı, sosyal ilişkileri ve o zamana kadarki okul yaşantısı araştırılır. Ayrıca başta çocuklarda depresyonla sık olarak birlikte görülenler olmak üzere çocuk psikiyatrisinde karşılaşılan diğer bozuklukların bulunup bulunmadığı gözden geçirilir.

Öğretmenden ayrıntılı bilgi alınması

Çocukla ya da ergenle bazen anne babadan bile daha uzun süre birlikte olan öğretmenlerden bilgi alınması depresyon tanısı konulurken son derece önemlidir. Bazı durumlarda öğretmene soru formları ve ölçeklerin gönderilmesi yeterli olabilir. Öğretmenle olumlu ilişki kurma, daha sonra okuldaki davranışlar ve dersler konusunda yapılacak önerilerin daha iyi bir şekilde yerine getirilmesinde yardımcı olacaktır. Ancak eğer olanak varsa psikiyatrist, psikolog ya da sosyal hizmet uzmanının öğretmenle yüz yüze görüşmesi ve ayrıntılı bilgi alması son derece yararlıdır. Bazen bu bilgi alma işlemi psikiyatrist tarafından öğretmene yazılan, çocuğun klinik durumunu özetleyen ve öğretmenden hangi konularda bilgi istendiğini belirten bir mektup aracılığıyla gerçekleştirilir. Öğretmenin gönderdiği yanıt mektubunda verdiği bilgiler derinleştirilmek istenirse sosyal hizmet uzmanının devreye girmesi ya da psikiyatrist ile öğretmenin yüz yüze görüşme yapması sağlanabilir. Bazen depresyondaki çocuk ve ergenler içinde bulundukları durumun farkına varıp okulun rehberlik bölümünden yardım isteyebilirler. Bu durumda çocuk psikiyatristinin rehber öğretmenle ilişki kurarak çocuğun ruhsal durumu hakkında bilgi alması çok yararlı olabilir.

Depresyondaki çocuk ya da ergenden beklenecek ders çalışma veya okul başarısı çocuğun ya da ergenin içinde bulunduğu depresyonun şiddetine göre ayarlanmalıdır. Çok ağır depresyonu olan bir çocuktan hemen hiç ders çalışması istenmeyip okula ilişkin beklentilerde bulunmak için depresyonun düzelmesi beklenebilir. Diğer yandan orta düzeyde şiddetli depresyonu olan bir çocuktan, çok zorlamamak kaydıyla, derslerine biraz ilgi göstermesi istenebilir. Genellikle çocuk ya da ergendeki depresyon çocuk psikiyatristine başvurulduktan iki-dört hafta gibi çok kısa bir süre içerisinde belirgin düzelme gösterdiğinden ders çalışmanın bu süre içerisinde aksamasına göz yumulabilir.

Çocuklarda depresyonla ilgili test ve ölçeklerin uygulanması

Çocuklarda depresyon tanısı konulmasında en önemli unsur çocuk, anne baba ve öğretmenle yapılan görüşmelerdir. *Hiçbir psikolojik test, ölçek, kan tahlili ya da radyolojik inceleme (bilgisayarlı tomografi, EEG, manyetik rezonans ve diğerleri) çocuklarda depresyon tanısını koymaya yeterli olmaz.* Ancak bazı psikolojik testler, anne baba, çocuk, ergen ve öğretmen tarafından doldurulan soru formları çocuklar ile ergenlerde depresyon tanısı konmasında yardımcı olabilir.

Tıbbi inceleme

Çeşitli tıbbi hastalıklar çocuk ve gençlerde depresyon benzeri belirtilere yol açabildiğinden bazı durumlarda çeşitli tıbbi incelemelerden yararlanılabilir. Çocuk psikiyatristi tarafından depresyon benzeri belirtiler gösteren tıbbi hastalıklardan şüphelenildiğinde bu testler istenir. Bu nedenle depresyon ya da başka bir psikiyatrik bozukluk konusunda ilk değerlendirmenin çocuk psikiyatristi tarafından yapılması gerekir. Ancak depresyon tanısının düşünüldüğü pek çok çocukta bu tür tıbbi incelemelere gerek duyulmaz.

Kan tahlili: Virüslerle meydana gelen bazı enfeksiyonlarda çocukta yorgunluk, isteksizlik ve çevreye ilgi kaybı meydana gelebilir. Viral enfeksiyonlarda çoğunlukla ateş yükselmesi görülmediğinden aileler çocuktaki enfeksiyonun farkına varamayabilirler. Bu durumda yapılacak olan bir kan tahlili doğru tanı konmasına yardımcı olur.

Tiroit fonksiyon testleri: Toplumda "guatr" adıyla bilinen tiroit hastalıkları, depresyon ve diğer mizaç bozukluklarındakine benzer belirtiler gösterebilir. Depresyon tanısı konan her çocuk ve ergende tiroit işlevini değerlendiren testlere gereksinim duyulmaz. Ancak çocuk psikiyatristi tarafından gerek görülürse tiroit fonksiyon testleri istenebilir.

Elektroansefalografi (EEG): Başta epilepsi olmak üzere bazı beyin işlevi bozukluklarını değerlendirmek için kullanılan EEG depresyon tanısında kullanılmaz. Çünkü normal bireylerin bile EEG'sinde bozukluk bulunabildiğinden, EEG'den depresyon tanısına ilişkin bir yarar beklenmemektedir.

Manyetik Rezonans (MR) ve Bilgisayarlı Tomografi (BT): Beyin içindeki bozuklukları değerlendirmek için kullanılan MR ve BT'nin depresyon tanısında yeri yoktur. Sadece bazı nörolojik bozukluklardan şüphe edildiğinde beyin MR ya da BT görüntülemesine gerek duyulur.

Psikolojik testler

Çocuk ve ergenlerde depresyon tanısı konurken en yararlı olabilecek testlerden birisi Tematik Algı Testi'dir. Bu testte çocuktan ya da ergenden, psikolog tarafından çocuğa gösterilen kartlarda yer alan resimlerle ilgili öyküler anlatması istenir. Daha sonra çocuğun anlattığı öyküler psikolog tarafından yorumlanarak çocuğun içinde bulunduğu duygusal hali ve çevresindeki insanlara ilişkin duyguları incelenir. Kendisine doğrudan sorulduğunda utandığından ya da bir başka nedenle ifade edemediği duyguları çocukların bu resimlere ilişkin öyküler anlatırken çok açık bir biçimde söyleyebildikleri görülmektedir. Bu nedenle bu tür testlere projektif (yansıtma) test denir; yani çocuğun duygularını resim ya da resimdeki kahraman üzerinden yansıtarak ortaya koyduğu testlerdir.

Formlar

Çocuk ve ergenlerde depresyon tanısı koymada yararlanılan çeşitli formlar bulunmaktadır. Bu formların bazıları çocuk ya da ergenin kendisi, bazıları anne babası ve bir kısmı da öğretmeni tarafından doldurulur. Kitabın sonunda bu formlardan bazılarına yer verilmiştir.

6. bölüm

Çocuklarda ve ergenlerde depresyon tedavisi

Çocuklarda ve ergenlerde depresyon tedavisi genellikle çocuk ve gençlerle tedaviye yönelik görüşmeleri; anne baba ve çocuğun bilgilendirilmesini; kısa süreli psikoterapi ile ilaç tedavisini; ev ve okul çevresindeki olumsuzlukların ortadan kaldırılmasını içeren bir tedavi yaklaşımı gerektirir. En önemli olan gelişmeler, kötümserliğin, umutsuzluğun kırılması; hayata küskünlüğün sonlandırılması; normal düşünce, duygulanım ve yaşam sevincine geri dönülmesi; yeniden enerji kazanılıp yaşamın düzgün akışının sağlanmasıdır.

Bilişsel davranışçı tedavi denilen ve çocuktaki olumsuz düşünce çarpıtmalarını ortadan kaldırmaya yönelik psikoterapi biçiminin çocuk ve gençlerde oldukça yararlı olduğu bilinmektedir. Aile içerisindeki olumsuzlukların aile terapisi yöntemiyle çözümlenmesi de son derece önemlidir. Çünkü klinikte yapılan terapiyle elde edilen olumlu etkiler, evdeki huzursuz ortamda etkisini yitirebilmektedir.

Çocuklarda ve ergenlerde depresyon tedavisindeki en önemli konulardan birisi de anne babadaki psikiyatrik bozukluklara çözüm aranmasıdır. Depresyonun meydana gelmesinde kalıtımın çok önemli bir rolü olduğundan, çocukta depresyon varsa anne babadan birisinde depresyon bulunması olasılığı yüksektir. Böyle bir durumda çoğu anne babanın söylediği "Önce çocuğum düzelsin, sonra ben nasıl olsa düzelirim" biçiminde bir yaklaşım son derece zararlıdır. Çocuktaki iyileşmenin hızlanması için anne babanın ruhsal bakımdan sağlıklı ve güçlü olmaları gereklidir. Diğer yandan öğretmenin çocuğun depresyonundan haberdar edilmesi oldukça önemlidir. Öğretmen tarafından çocuğun olağandışı durumunun fark edilmesi, öğretmenin çocuğa daha destekleyici bir biçimde davranmasını sağlar. Öğretmenin çocuğa benlik saygısını kazanmada ve olumsuz arkadaş ilişkilerini düzeltmede yardım etmesi tedavi sürecini çok hızlandıracaktır. Özellikle depresyondaki ergenlerin değişik nedenlerle erişkin dünyasına ve anne babaya güveninin kırıldığı durumlarda, öğretmeniyle kuracağı olumlu bir ilişki ergenin iyileşmesi ve normal yaşamına dönmesinde önemli bir rol oynar.

Çocuklarda depresyon tedavisinde erişkinlerdekine benzer ilaçlar kullanılmaktadır. Ne kadar uzun süre kullanılırsa kullanılsın bağımlılık yapmayan antidepresan (depresyon giderici) ilaçların çocuk ve ergenlerde depresyon tedavisinde çok etkili oldukları kanıtlanmıştır. Yukarıda söz edilen tedavi yöntemleriyle birlikte antidepresan adı verilen bu ilaçların kullanılması, iyileşme sürecini hızlandırıp çocuğun pek de bir anlam veremediği bu olumsuz durumdan çıkmasını sağlayacaktır. Günümüzde kullanılan antidepresanlar son derece iyi bir yan etki profili göstermektedir. Bu antidepresan grubu Seçici Serotonin Reuptake (geri alım) İnhibitörleri (önleyicileri) olarak adlandırılır ve SSRI kısaltmasıyla tanınır. Bu ilaçların en önemli özelliği yanlışlıkla ya da intihar etme amacıyla çok yüksek dozlarda alınsalar bile ölümcül etkiler yapmamalarıdır. SSRI grubu antidepresanların en sık görülebilen yan etkileri bulantı ve ishaldir. Bununla birlikte diğer tüm ilaçların olduğu gibi SSRI grubu antidepresanların da mutlaka ve mutlaka bir çocuk psikiyatristi denetiminde kullanılması ve intihar etme riski olan çocukların ulaşamayacağı yerde saklanması gereklidir.

Sonuç olarak depresyon çocuk ve ergenlerde sık görülen ruhsal bozukluklardandır. Geç kalınmadan ve etkin bir tedaviyle depresyondaki çocuklar ve ergenler çok hızlı bir biçimde sağlıklarına kavuşurlar. Ancak, birçok çocuk ve ergende depresyonun tekrarlama olasılığı vardır, bu nedenle önemli sorunlarla karşılaşmamak için depresyonu olan çocukların uzun süre izlenmeleri gerekir.

Yukarıda özetlediğimiz çocuklar ile ergenlerde depresyon tedavisinde kullanılan yöntemler bu bölümde tek tek ve ayrıntılı olarak ele alınacaktır.

Depresyon konusunda bilgilenme

Depresyon tanısı konan çocuk ve ergenlerde tedavinin ilk basamağı anne baba, çocuk ve ergenin depresyon konusunda bilgilendirilmesi olmalıdır. Eğitim düzeyi ne olursa olsun her ailenin bu tür bir bilgilenmeye ihtiyacı vardır. Çocuklarının depresyonda olduğu ilk söylendiğinde pek çok anne baba derin bir üzüntü ve suçluluk duygusu yaşar. Dile getirmeseler bile yüz ifadelerinden "Neden böyle bir sorun benim başıma geldi?", "Ne hata ettik de çocuğumuz böyle bir rahatsızlığa yakalandı?" ya da "Çocuğum acaba düzelir mi?" biçiminde endişeler yaşadıkları anlaşılır. İşte bu tür endişelerin vakit geçirilmeden giderilmesi, anne babanın depresyondaki çocuklarına şaşkın ya da gergin bir biçimde davranmasını önleyecektir. Öncelikle depresyonun her *elli* çocuktan birisinde ve her *yirmi* ergenden birisinde görülebildiği belirtilerek bu konuda yalnız olmadıkları duygusu yaratılmalıdır. Yani depresyon çocukluk ve ergenlik döneminde sanıldığının aksine yaygın bir durumdur ve sadece onların başına gelmemiştir.

Çocuk ya da ergenin depresyonda olduğu belirlendikten sonra hem aileye hem de çocuğa depresyonun çok sayıda biyolojik, psikolojik ve toplumsal etkenin birbiriyle etkileşimi sonucu oluşan ve çok iyi tedavi edilebilen bir bozukluk olduğu anlatılmalıdır. Böylece ilk akla gelebilecek "Neden başıma böyle bir şey geldi?", "Ne yanlışlık yaptık acaba?" ya da "Çocuğumuz düzelecek mi?" endişeleri de azalacaktır. Hatta çocuğun depresyonu nedeniyle yaptığı olumsuz davranışlar için birbirini suçlayan anne babalar, depresyonun son derece fazla sayıda karmaşık etkenlerin etkileşimiyle ortaya çıktığını anlayıp birbirlerini "sen şunu yaptın o yüzden çocuk böyle oldu" gibi suçlamalardan kaçınacaklardır. Aile içinde birbirini suçlamaların azalması, anne baba ilişkisinde düzelmeler olması ve anne babanın tutarlı bir biçimde davranması çocukların depresyonunun düzelmesinde önemli bir adım olabilir.

Çocuk ya da ergenin depresyonda olması aile içi ilişkilere olumsuz yansır. Anne baba çocuklarının geçimsizliğinden, alınganlığından ve ne yaparlarsa yapsınlar mutsuz olmasından dolayı büyük bir gerginlik yaşar. Anne baba çocuğun tepkilerinin kendilerine karşı kişisel bir tutum ya da düşmanlıktan değil depresyonundan kaynaklandığını öğrenince biraz olsun rahatlayacaktır. Böylece anne baba daha tedavi başlamadan çocuklarının kendilerine gösterdiği tepkileri daha bilinçli yorumlayarak ilk tedavi edici adımı atmış olacaklardır. Yani çocuğun huzursuzluklarının ve alınganlıklarının üzerine gitmek, çocuk ve genci suçlamak, aşağılamak yerine daha iyi anlamaya götürecek iletişimler sağlayabilecektir. Örneğin "Kardeşime bir sürü şey alıyorsunuz bana almıyorsunuz" diye maraza çıkaran bir çocuğa oturup eşit davranıldığı, hatta kendisine daha çok alındığı anlatılarak bir tartışmaya girilmemelidir. Bunun yerine "Kardeşinin daha çok sevildiğini kendinin pek sevilmediğini hissetmek zor bir durum. Okulda da buna benzer duygular oluyor mu?" diye sormak, çocuk ve gencin sevilmediği, itilip kakıldığı duygularını ve aslında kendini sevmeme, hatta kendinden nefret etme duygularını konuşma ve daha iyileşebilme olanağı sağlayabilir.

Daha önce böyle bir durumla karşılaşmamış olan pek çok anne baba çocuğuna depresyon tanısı konulduğunda ve tedavi planı anlatıldığında bunu kabullenmek istemeyebilir. Anne babanın çocuklarda depresyon konusunda bilgilendirilmesi hem çocuğun depresyonunu kabullenmelerini hem de tedaviyi sürdürmelerini kolaylaştıracaktır. Özellikle toplumda psikiyatride kullanılan ilaçlara karşı yaygın önyargıların bulunması bilgilendirmenin önemini artırmaktadır. Depresyonu olan çocuk ve ergenlerin pek çoğunun tedavisinde ilaç önemli bir yer tutmaktadır. Nasıl bronşit olan bir çocuğu eski dönemlerde olduğu gibi bitkisel çaylarla değil antibiyotikle tedavi ediyorsak, depresyondaki çocuğu da gerektiğinde mutlaka ilaç tedavisine almamız gerektiği anne babalara anlatılmalıdır. Tedavi edilmeyen depresyonun çok olumsuz bir biçimde hatta intiharla bile sonuçlanacağını bilmek aileyi tedavi konusunda karar verirken aydınlatacaktır. Ayrıca tedavinin ortalama altı-sekiz ay ya da daha uzun bir süreç alacağının bilinmesi, anne babanın çocukları iyileşir iyileşmez tedaviyi bırakıp çocuklarının tekrar depresyona girmesi tehlikesini önleyecektir.

Anne babalar tarafından depresyonun çocuğun iradesi dahilindeki bir durum yani "kapris yapma" olmadığının anlaşılması çocuklarına daha anlayışlı davranmalarını sağlayacaktır. Gerçekten de depresyonu olan bir çocuğun belirli bir süre önemli konular dışında fazla eleştirilmemesi uygundur. Çocuk ya da ergen depresyondan çıkana kadar "Niye bu kadar sinirlisin?", "Ders çalış" ya da "Odanı düzenli tut" gibi uyarılara sık sık muhatap olmamalıdır. Zaten etkin bir tedaviyle çocuk ve ergenlerin çok büyük bir bölümünün depresif belirtileri üç-dört hafta gibi kısa bir sürede düzelmeye başlamaktadır. İnsan yaşamı için çok kısa olan üç-dört haftalık bir süre boyunca çocuklarına normalde davrandıklarından biraz daha anlayışlı davranmanın çocuklarının depresyonunu azaltacağını bilmek, anne babaların bu öneriye uymasını sağlayacaktır.

Çocuk ve gençlerin depresyon belirtileri çoğunlukla evde okuldakinden daha fazla belirgindir. Bununla birlikte, evde çocuğun depresyonunun anlaşılması ve daha anlayışlı davranılmasına ek olarak okulda da çocuğun psikolojik durumunun anlaşılması yararlı olacaktır. Ailenin bu dönemde çocuklarının öğretmenleriyle daha sık görüşerek çocuklarının psikolojik olarak sıkıntılı bir dönem geçirdiğini belirtmeleri yararlı olur. Çocuğun sıkıntısı konusunda bilgilenen öğretmenler de bundan sonra çocuğa karşı daha destekleyici bir biçimde yaklaşabilirler. Örneğin "Ahmet bu sıralar notların düştü" ya da "Çok sorumsuz oldun, hiç ödev yapmıyorsun" gibi depresyondaki çocuğun kendisine olan saygısının daha da azalmasına neden olabilecek eleştirilerden kaçınacaklardır. Çocuğun ya da ergenin ders yükünün azaltılması, ödev yapılamasa bile gene de okula devamının sağlanması ve böylece evde kapalı kalmaktan kurtulması depresyon tedavisinde çok önemlidir.

Depresyondaki çocuklar normaldeki durumlarından daha sinirli ve alıngan olabildiklerinden arkadaş ilişkileri bozulabilir, sınıfta dışlanma yaşayabilirler. Hatta arkadaşları tarafından onlara "şımarık, yaramaz, haylaz, pis çocuk" gibi yakıştırmalar yapılabilir. Bu durum çocuğun depresyon belirtilerinin daha da artmasına yol açan bir kısırdöngüyü meydana getirebilir. Çocuk yaptığı davranışların olumsuzluğunun farkında olmasına karşın kendisini tutamayıp aynı olumsuz davranışları tekrar ettikçe sınıftan dışlanacak ya da onunla alay edilecektir. Oluşan bu kısırdöngüyü kırıp çocuğun benlik saygısının artırılmasında en önemli görevlerden birisi öğretmene düşmektedir. Öğretmen çocuğun yaptığı olumlu bir hareketi kollamalı ve sınıf önünde –fazla abartmadan ve kıskançlık duyguları yaratmadan– kendisini överek, arkadaşlarının gözünde olumlu bir yere gelmesine yardımcı olmalıdır. Ayrıca sınıfa arkadaşlarına ad takmak ya da kimilerini dışlamak gibi davranışlardan kaçınmaları uyarısında bulunmalı, gerekirse okulun rehberlik biriminden yardım almalıdır.

Depresyona ilişkin çok önemli bir konu da depresyondaki çocuk ve ergenlere anne babaların nasihat etmeleridir. Depresyonun biyolojik, psikolojik ve toplumsal nedenlerin sonucunda ortaya çıktığını bilmeyen anne babalar nasihat ederek bu durumun düzeleceğini sanırlar. Oysa ergenlik döneminde normal çocuklarda bile oluşabilen "ben biliyorum, annem babam ne bilir", "annem babam geri kafalı, beni hiç özgür bırakmıyorlar" biçimindeki düşünceler depresyondaki ergenlerde aşırı boyutlardadır. Anne babanın nasihat etme girişimleri depresyondaki çocuklarıyla ilişkilerinin daha fazla bozulmasından başka hiçbir işe yaramaz. Çünkü nasihat dinlemek depresyondaki çocuklar ve özellikle gençler için *işkence* gibidir. İçindeki sıkıntıyı kendisini en çok seven ya da nazını çeken insana yansıtan genç, nasihat dinlemeye zorlandıkça iyice saldırgan bir durum gösterir.

Depresyondaki gençlere en sık şöyle nasihatler verildiğini görüyoruz:

"Bak yediğin önünde yemediğin arkanda, neden böyle yapıyorsun? Biz zamanında ne sıkıntılar çektik, idare lambasının ışığında ders çalışırdık, anne babamıza hiç saygısızlık etmezdik. Bak ne güzel odan var. Her istediğini yapıyoruz ama sen hâlâ mutsuzsun. Daha şimdi dışarıdan geldi gene 'of sıkıldım' diyorsun."

Bir başka örnek:

"Bak oğlum, sigara sağlığa zararlıdır. Senin sigara içtiğini fark ettiğimde içim parçalanıyor. Mert ne iyi çocuktu, bak onunla arkadaşlığı kestin itle uğursuzla geziyorsun. Onlar seni sigaraya alıştırdı. Baban ne zorluklarla seni okutuyor, ama senin isteklerin hiç bitmiyor. Hadi benim aslan oğlum bizi üzme."

Ülkemizde anneler depresyondaki çocukları tarafında "günah keçisi" konumuna düşürülüp sürekli azarlandıkları halde nasihat verme işlevini çoğunlukla babalar üstlenmeye heveslidir. Emin olun ki yukarıda örneklerini verdiğimiz nasihatler sırasında çocuğunuz sizi dinlememektedir. Sözleriniz onun bir kulağından girer diğer kulağından çıkar. O büyük ihtimalle içinden "Sen ne anlarsın benim halimden. Bana ellerinden geldiğince her şeyi alıyorlarmış. Yok ya, kardeşimi daha çok seviyorlar, hep onu kayırıyorlar. Sınıfta herkesin bilgisayarı benimkinden çok daha iyi" diye geçiriyordur; sizin bir an önce susmanız için oflayıp pufluyor ya da gözünüze değil başka yerlere bakıyordur. Çünkü "Çocuklar neden depresyona girer?" bölümünde anlatıldığı gibi depresyondaki çocuklar ya da ergenlerde "bilişsel çarpıtma" vardır. Yani olayları olumsuz tarafından görme eğilimi içindedirler ve biz ne kadar anlatırsak anlatalım olaylara olumsuz yönden bakmaya devam edeceklerdir.

Sevgili anne babalar, bir insan için evladının kötüye gidişini hiçbir şey yapmadan izlemek tabii ki çok acı vericidir. Uzun yıllar sonunda edindiğimiz yaşam deneyimlerimiz, paylaştığımız birçok yabancıya bile yarar sağlamışken bu deneyimleri gözümüz gibi sevdiğimiz evlatlarımıza sunamamak çok zordur. Ancak depresyondaki çocuklarımıza şu an için nasihat değil tedavi gerekmektedir. Çünkü depresyon bir hastalıktır ve tedavi edilmelidir. Çocuğunuz normal haline dönünce kısa olmak kaydıyla ona nasihat verebilirsiniz.

Bilişsel-davranışçı tedavi

Bilişsel-davranışçı tedavi çocuk ve ergenlik döneminde en yaygın olarak kullanılan terapi biçimlerindendir. "Bilişsel-davranışçı tedavi distimi" olarak adlandırılan hafif ve uzun süreli depresyonun tedavisinde tek başına kullanılabilecek bir yöntemdir. Belirgin depresyon, psikotik bulgulu depresyon ve bipolar bozukluk (manik depresif bozukluk) depresyonu dönemi gibi depresyon türlerinde ise ilaç tedavisiyle birlikte uygulanır. Bilişsel-davranışçı tedavide amaç çocuktaki bilişsel çarpıtmaların giderilmesi ve karşılaştığı sorunlarla daha iyi başa çıkabilmesi hedeflenir. Yani depresyondaki çocuğun kendine, çevresine, yaşama ve olaylara olumsuz bir gözlükle bakmak yerine olumlu tarafından bakmasının sağlanmasıdır.

Depresyondaki çocuk ve ergenlerin yaşadıkları bilişsel çarpıtma örneklerine göz atalım:

1) Aşırı genelleme: Çocuğun yaşadığı bir olumsuz olayı aşırı biçimde genellemesi, kendisini suçlayıp değersiz hissetmesi ve bu düşünceleri farklı alanlara da yaymasıdır.

Örneğin, bir sınavında başarısız olan bir çocuğun "Ben aptalın biriyim zaten, hiçbir şeyi başaramam ki" biçiminde yorum yapmasıdır. Bilişsel tedavide amaç çocuğun bu düşüncesini "Derslerim çok iyi değil ama benim de başarılı olabileceğim başka alanlar vardır" biçiminde değiştirmektir.

2) Seçici soyutlama: Çocuğun yaşadığı bir olaydan sadece bir ayrıntıya takılıp olayları sadece bu ayrıntının ışığında yorumlamasıdır.

Öğretmenin, parmak kaldırdığı soruyu yanıtlaması için başka bir arkadaşına söz vermesi durumunda çocuğun "Öğretmenim beni sevmiyor, kesinlikle beni sınıfta bırakacak" düşüncesi bu seçici soyutlamaya bir örnektir. Bilişsel tedavide amaç çocuğun bu tür yorumlarındaki çarpıtmayı fark edip "Öğretmen benim soruyu bildiğime güvendiğinden bir başka arkadaşımı sınamış olabilir, demek ki öğretmenimin güvenini kazanmışım" gibi olumlu yönde çıkarım yapmasını sağlamaktır.

3) Kurma ve yanlış yorumlama: Ortada herhangi bir kanıt olmadığı halde bir sonuca varma ve buna inanma. Çocuk ve gencin gerçekleri, kendini olumsuz görecek bir biçimde yanlış yorumlaması depresyonda sık görülür.

Örnek: Kendisinin okulda olmadığı gün bir arkadaşına sürpriz bir doğum günü partisi yapıldığını öğrenen çocuğun olayı kafasında "Beni istemedikleri için doğum günü partisini ben okulda değilken yaptılar" biçiminde kurgulamasıdır. Oysa, "Eğlenceyi kaçırdım ama olur böyle ufak tefek şanssızlıklar" demeyi hedefleyebilmek önemlidir. Bu biçim düşünmeyi kullanmayan gençler ile çocuklara olumsuz düşünceden ve yanlış yorumlamadan uzaklaşmayı öğretmek depresyona eğilimli kötümser düşünmeyi azaltarak depresyon tedavisine yardımcı olabilir.

4) Abartma ya da yok sayma: Çocuğun yaşadığı olumsuzlukları aşırı derecede abartması, olumlu durumların olumsuz tarafından görmesi ya da küçümsemesidir.

İngilizce sınavlarından sürekli olarak 5 alan bir çocuğun bir sınavdan 3 alınca "Benim İngilizce dersine aklım basmıyor, daha önceki sınavlar çok kolaydı, yoksa onlardan da kötü not alırdım" demesi bunun bir örneğidir. Oysa bilişsel çarpıtmanın düzeltilmesi aynı çocuğun aynı olaya olumlu bir yorum getirmesini sağlayabilir:

"Bu sınavda biraz zorlandım ama bundan sonraki sınavlarda eskiden aldığım iyi notları gene alırım."

5) Kişiselleştirme: Çocuğun yaşanan bir olumsuzluktan herhangi bir neden olmaksızın kendisini suçlamasıdır.

Örnek: Babasının işleri kötüye giden bir çocuğun "Benim yüzümden babamın işleri bozuldu" biçiminde bir değerlendirme yapmasıdır. Bu bilişsel çarpıtma üzerinde çalışılan terapi seansları sonucunda hedeflenen "İnsanların yaşamında işler bazen yolunda gitmeyebilir, babam da bu sorunları kısa zamanda aşacaktır" biçiminde olumlu ve umutlu bir düşünce yapısı oluşturmaktır.

Bilişsel tedavide amaç depresyonu oluşturan ya da depresyon nedeniyle ortaya çıkan bilişsel çarpıtmaların ve olumsuz davranışların azaltılması veya ortadan kaldırılmasıdır. Yeni bir bilişsel yapı oluşturulması için çocuğa bazı yeni yetiler kazandırılmaya çalışılır. Bu yetiler şöyle sıralanabilir:

Sorunlarla baş etme yetisinin kazandırılması: Depresyondaki çocuk ve ergenlere karşılaşılan sorunlarla baş etme yetisinin kazandırılması gereklidir. Terapist, çocuğun karşılaştığı sorunu geçmiştekinden farklı bir yönde değerlendirebilmesi için ona rehberlik eder. Çocuğun bir sorunla karşılaştığında şu sistemi izlemesine çalışılır:

– Sorunun ne olduğunun ortaya çıkarılması.

– Olası çözüm seçeneklerinin belirlenmesi.

– Çözüm seçeneklerinden uygun olanın uygulamaya konması.

Kendi kendinin farkına varma: Çocuğun ya da ergenin kendiyle ilgili farkındalığının artması depresif düşüncelerini azaltmaya yardımcı olur. Çocuğun olumlu yanlarını bir liste olarak getirmesini istemekle işe başlanabilir. Daha sonrasında kendisinden beklentilerini akla uygun düzeylere indirmesine yardımcı olup mükkemmeliyetçilikten uzaklaşmasını sağlamak gerekir. Ayrıca çocukla ve gençle kendisini suçlayıcı yanı üzerinde çalışılabilir. Hatta bunu daha somut hale getirmek için onunla "neşeli dostum", "suratsız dostum" gibi kendisini olumlu ve olumsuz yargılayan taraflarına vurgu yapılarak konuşulabilir. Günlük yaşamında bir sonraki görüşmeye kadar "iyi dosta" daha fazla kulak vermesi ve bu konuda yaşadıklarını not alıp görüşmeye gelirken getirmesi söylenebilir. Bu tür bir yöntem çocuğun kendisini suçlayıcı yönünün farkında olmasında yardımcı olabilir. Çocuk ya da gencin önem verdiği kişilerin çocuk ve gencin olumlu yönlerinden konuşabilmesi yararlı olur.

İnsan ilişkilerinin düzeltilmesi: Depresyondaki çocuk ya da ergende bilişsel çarpıtmalar çevresindeki bireylerle geçimini bozabilmekte ve depresyonun daha da artmasına neden olan bir kısırdöngü haline gelebilmektedir. Çevresiyle iyi geçinemeyen çocuk kendisini daha yalnız, sıkıntılı ve gergin hissedecektir. Çocuğa insan ilişkilerinde bugüne kadar davrandığının dışında alternatifler olduğu gösterilmeye çalışılır. Çevresindekilerle ilişkilerinde bozulmaya neden olabilecek tavırlarının belirlenmesi için "rol değişimi" tekniği uygulanabilir. "Rol değişimi" çocuğun sorun yaşadığı kişi yerine geçip yaşadıkları sorunları canlandırmaktır. 'Rol değişimi' sonunda terapist, çocuğun davranışlarını değerlendirmesini ister. Daha sonra çocuğun diğer insanlarla ilişkisinde farkına vardığı olumsuz davranışlara alternatif tutumlar geliştirilmeye çalışılır.

Bilişsel terapide günlük tutmak ya da mutluluk çizelgesi yapmak gibi yöntemlerden de yararlanılabilir. Günlük tutmak ergenlik dönemindeki çocuklarda duyguların dile getirilebilmesi ve günlüğün terapistle birlikte okunarak bilişsel çarpıtmaların anlaşılıp, çözümlenmesi için oldukça yararlıdır. Küçük çocukların duygularını günlük yoluyla anlatmaları güç olabilir. Bu durumda çok mutsuzdan çok mutluya beş resmin olduğu mutluluk çizelgesi kâğıdına kendini yakın hissettiği durumu işaretlemesi, yanına bir resim çizmesi ya da not yazması istenebilir. Küçük çocukların mutluluk çizelgesini yapmasına anne babanın yardım etmesi yararlıdır.

İlaç tedavisi

Çocuk ve ergenlerde depresyon tedavisinde en önemli yöntemlerden birisi ilaç tedavisidir. Belirgin depresyonu olan çocuk ve ergenlerde ilaç tedavisi olmaksızın diğer tedavi biçimleri uygulanmamalıdır. Depresyonu olan çocuk ve ergenlerde intihar riski normal çocuklardan çok daha yüksektir. Ayrıca depresyonda olan çocuk ve ergenler sigara, alkol ve uyuşturucu madde kullanımına yönelebilirler. Başta anneler için olmak üzere depresyondaki bir çocuk ya da ergenle aynı evde yaşamak çok zordur. Depresyon hem onu yaşayan kişiye hem de çevresine acı vermektedir. Bu nedenle depresyonun en kısa zamanda ve en etkin biçimde tedavi edilmesi gereklidir.

Depresyon, çocuk ve ergenin okul başarısını düşürebilmekte, çevresindeki insanlarla ilişkilerini bozabilmektedir. Bir diğer önemli konu da, çocukluk ve ergenlik döneminde tedavi edilmeyen depresyonun erişkinlikte önemli psikiyatrik sorunlar yaşanmasına yol açmasıdır. Kısaca söylemek gerekirse, ilaç kullanmak gerekmeyen durumlarda çocuğa ilaç vermek ne kadar yanlışsa belirgin depresyonu olan bir çocuk ya da ergende olduğu gibi ilaç kullanılması gereken durumda ilaç vermemek de o kadar yanlıştır. Bir anne yazdığı mektupta şöyle diyor: "Çocuğum şeker hastasıysa insülin vermekten, gözü bozuksa gözlük almaktan çekinmeyeceğim gibi psikiyatrik bozukluğu için çocuk psikiyatristinin verdiği ilacı kullanmaktan da çekinmeyeceğim."

Depresyonun ilaçla tedavisinde çocuğun depresyondan çıkması ve depresyonun tekrarlamaması amaçlanır. Depresyondaki çocuk ve ergenlerde ilaç tedavisine başlandıktan sonra ilk olumlu etkiler 2. haftadan sonra görülür ve çoğunlukla 6-12 haftalık bir süre sonunda depresyonun hastaların yüzde 60-70 kadarında önemli düzeyde bir iyileşme beklenir. Depresyonun ilaçla tedavisinde üç önemli devre vardır. İlk 6-8 hafta birinci tedavi devresidir. Bunu izleyen 3-4 ay ise kazanılan olumlu gelişmelerin pekiştirilmesi devresidir. Bundan sonraki 1-2 yıl ise depresyonun tekrarlamasını önleme devresidir. Önlem amacıyla uzun süreli ilaç kullanılması modern tedavinin en önemli ilkelerindendir.

Depresyon tedavisi için kullanılan ilaçlara "antidepresan" yani "depresyon giderici" ilaçlar denir. Ne kadar uzun süre kullanılırsa kullanılsın bağımlılık yapmayan antidepresan ilaçların çocuk ve ergenlerde *depresyon tedavisinde çok etkili oldukları* kanıtlanmıştır.

Çocuk ve ergenlerde depresyon tedavisinde etkisi ve güvenilirliği en iyi gösterilmiş olan ilaç grubu Seçici Serotonin Reuptake (geri alım) İnhibitörleri (SSRI) olarak adlandırılır. Bu grup ilaçların bazılarının tıbbi adları şöyledir:

Sitalopram
Essitalopram
Fluoksetin
Fluvoksamin

Sertralin

Paroksetin

SSRI grubundaki antidepresanlar depresyon sırasında düşmüş olan serotonin adlı maddenin tekrar normal düzeye gelmesini sağlarlar. SSRI grubu antidepresanlar depresyon tedavisine ek olarak obsesif-kompulsif bozukluk (saplantı-zorlantı bozukluğu; evham, takıntı hastalığı) ve bazı kaygı bozuklukları olan çocuklar ile ergenlerin tedavisinde de etkilidir.

Araştırmalar, çocuk ve ergenlerde depresyon tedavisinde SSRI grubu antidepresanların 100 kişiden 60-80'inde etkili olduğunu göstermektedir. Bu kitabın yazarları olarak bizlerin görüşü, doğru doz ve süre ilaç kullanımıyla birlikte bireysel, ailesel ve çevresel tedavilerin uygulanmasıyla çocuk ve ergenlerde depresyon tedavisinin başarı oranının yüzde 90'ların üzerinde olduğudur.

Çeşitli psikoterapilere ek olarak SSRI grubundan bir antidepresan kullanılmasına karşın depresyonu düzelmeyen çocuk ve ergenlerde SSRI grubundan bir diğer antidepresan kullanılır. Bu durumda da tedaviye yanıt alınamadığında başka bir gruptan antidepresana geçilir. Ancak pek çok çocuk ve ergende depresyon tedavisi ilk seçilen SSRI grubundan ilaçla başarılı bir biçimde tedavi edilir.

Yan etkiler

Anne babaların ilaç tedavisi konusunda duydukları en önemli rahatsızlıklardan biri ilacın bağımlılık yapması ya da kullananın beynine zarar vermesi korkusudur. Ancak antidepresanlar kesinlikle bağımlılık yapmaz ve çocuğun beynine ya da kişiliğine zarar vermez. Antidepresanlar çocuğu depresyondan kurtararak olumsuz ilişkilere ve bunun sonucunda sigara, alkol ya da uyuşturucuya bağımlı olmalarını önler. Ayrıca depresyonun tedavisiz kalması, çocuğun erişkinlikte ciddi kişilik ve ilişki sorunları yaşamasına neden olabildiğinden önerilen tedavi düzenli bir biçimde uygulanmalıdır. Zamanında ve yeterince tedavi edilmeyen depresyon uzun süren ve tedaviye dirençli bir depresyona dönüşebilir.

Bütün ilaçların olduğu gibi SSRI grubu antidepresanların da yan etkileri vardır. Ancak SSRI grubu antidepresanların yan etkileri çoğu zaman son derece az ve önemsizdir. Zaten SSRI grubu antidepresanların yan etkileri olsa bile bu yan etkiler birkaç gün gibi çok kısa bir sürede ortadan kalkabilir. Özellikle düşük doz ilaçla başlanıp ilacın etki ve yan etkileri gözlenerek etkin doza çıkıldığında yan etkilerin görülme sıklığı çok azalmakta, hatta bu ilkeye uyulduğunda hemen hiç yan etkiyle karşılaşılmamaktadır.

SSRI grubu antidepresanlar çoğu çocuk ve ergende yan etkiye neden olmazken, oldukça az bir bölümünde bulantı, kusma, ishal, iştah azalması ya da artması, huzursuzluk hissi, baş ağrısı ve ishale neden olabilir. Bütün ilaçlar gibi SSRI grubu antidepresanlar da alerji yapabilir. Bu durumda başka bir SSRI grubu antidepresana geçilir.

Tüm antidepresanlarla olduğu gibi SSRI grubu antidepresanlarla görülebilecek en önemli yan etki çocuğun manik ya da hipomanik atak yaşamasıdır. "Bipolar bozukluk" bölümünde ayrıntılı olarak anlatılan manik atak depresyonun tam tersidir. Yani çocukta ya da ergende bir coşma dönemi yaşanmasıdır. Çok seyrek olarak görülen bu yan etki ortaya çıkarsa antidepresan tedavinin kesilmesi gereklidir. Özellikle ailede bipolar bozukluğu olan bireyler varsa bu yan etkiye dikkat edilmelidir. Çünkü depresyon tedavisi alırken manik atak yaşama bipolar bozukluğa (manik depresif bozukluk) yatkınlığı olan çocuk ve ergenlerde görülür. Ancak bu yan etkiler yukarıda belirtildiği gibi kademeli bir doz artışı yapıldığında çok az görülür ya da hiç görülmez. Antidepresan ilaçların yan etkileri bazen olumlu yönde kullanılabilir. Örneğin çok kilolu bir çocuk ve ergende iştah azalması yapma olasılığı olan bir antidepresan seçilebilir. Diğer yandan çok zayıf olan bir çocuğun tedavisinde iştah artışı yapma olasılığı olan bir antidepresana öncelik verilir.

İlaç tedavisinin bitirilmesi

Başarılı bir depresyon tedavisi kadar tedavinin doğru biçimde sonlandırılması da çok önemlidir. Erken bir biçimde tedavinin sonlandırılması durumunda depresyonun tekrarlama olasılığı vardır. En iyisi hastanın özel durumuna göre karar vermektir. Birçok uluslararası tedavi örgütü, altı aylık tedaviden sonra yeniden depresyona giren bir hastada tedavinin bitiminden sonra bir iki yıl daha ilacın kullanımını önermektedir. Çabuk ilaç kesilen durumlarda depresyonun birkaç ay içinde geri geldiği görülmektedir.

İlacın ani olarak kesilmesi doğru olmaz. İlaca başlarken ilacın ölçüsünü yavaş yavaş artırarak yan etkilerden korunulduğu gibi ilacı keserken görülebilecek yan etkilerden korunmak için ilacı yavaş yavaş azaltmak yararlı olur.

Ek ilaç kullanımı

Depresyonla birlikte aşırı kaygıları olan çocuk ve ergenlerde eğer kaygı depresyon ilacıyla ortadan kalkmıyorsa depresyon giderici ilaçlara ek olarak kaygı giderici ilaçlar eklenebilir. Çünkü depresyon giderici ilaçların etkisi yaklaşık olarak iki hafta sonra başlayacaktır ve bu sürede çocuk aşırı kaygılarla baş başa kalmamalıdır. Özellikle uyuyamayan hastalarda bu durumun hemen düzeltilmesi gerekebilir. Genellikle tedavinin ilk bir ayı içerisinde kullanılan kaygı gidericiler daha sonra kesilerek, sadece antidepresanla tedavi sürdürülür.

İntihar ya da kendine zarar verme tehlikesi yüksek olan çocuk ve ergenlerde kaygı giderici ilaçların intiharı önlemede çok önemli bir yeri olduğu göz önünde bulundurulmalıdır. Bu ilaçlar kaygı giderdikleri gibi, uykuyu düzeltebilir ve çevreye yönelik saldırganlığı azaltabilirler. Ayrıca bugüne kadarki deneyimlerimiz çocuk psikiyatristi kontrolünde bu ilaçları kullanan binlerce çocuk ve ergenin hiçbirinde bağımlılık gelişmediğini ortaya koymaktadır. Buna karşılık, depresyonu fark edilmeyen pek çok çocuk ve ergenin kendisini alkol ya da uyuşturucuyla rahatlatmaya çalışıp sonunda uyuşturucu ilaç ve madde bağımlılığı geliştirdiklerini görüyoruz. Bu nedenle çocuk psikiyatristi kontrolünde tedaviyi sürdürmenin çocuğu bağımlı yapmadığı, tam tersine onu bağımlılıktan kurtardığı hatırlanmalıdır.

Çocuk ve ergenlerde depresyonun gidişi ve gelişimi sırasında psikotik bir klinik durum görülmesi ender bir durumdur. Psikotik durum, kişinin olmayan sesler işitmesi veya görmesi ya da gerçekdışı şeylere inanması durumudur. Psikotik bulguları olan depresyondaki çocuk ve ergenlerde antidepresanlara ek olarak antipsikotik (psikoz giderici) ilaçlar kullanılır. Antipsikotik ilaçlar aynı zamanda sakinleşme sağladığından çok aşırı saldırganlık ya da sinirlilik yakınmaları olan depresyondaki çocuklarda da antidepresanlara yardımcı olarak kullanılır. Bu ilaçlar ayrıca kendini zedeleme ve intihar olayını da kontrol etmeye yardımcı olurlar.

7. bölüm

İntihar

İntiharın en önemli nedenlerinden birisi depresyondur. Kitapta bu konuya bu nedenle yer verdik.

Çocuk ve ergenlerde ölüm nedenlerinin başında kazalar ve intihar gelmektedir. Ülkemizde çocuk ve genç nüfus Batılı ülkelere oranla çok daha fazla olduğu için çocuklar ile gençlerde intihar konusu Türkiye'de daha büyük bir önem kazanmaktadır. Devlet İstatistik Enstitüsü verilerine göre ülkemizdeki intiharların en çok görüldüğü yaş grubu on beş-yirmi beş yaş arasındaki gençlerdir. Çocuk intiharları da ülkemizde küçümsenemeyecek sıklıktadır. Dinsel ve toplumsal nedenlerle pek çok intiharın gizlendiği de göz önüne alınırsa konunun ne kadar önemi olduğu daha kolay anlaşılabilir.

Çocuk ve ergenler yaşamın tatsızlığından ya da kendilerini öldürme düşüncelerinden söz ettiklerinde bunu çok ciddi olarak ele almak ve değerlendirmek zorundayız. Bu duygu ve düşünceler genellikle gizli kalmış olan bir depresyonun habercisi olabilmektedir. Gereken önlem alınıp tedavi uygulandığında yaşam kurtarıcı bir yaklaşımda bulunulmuş olur.

Toplumda, intihardan söz eden kimselerin intihar etmeyecekleri gibi yanlış bir inanış vardır. Oysa bir çocuğun veya ergenin intihar sonucu ölümünün en önemli öngörücüsü, daha önceden intihar girişiminde bulunmuş olması ya da sık sık bu konuyu gündeme getirmesidir. Böyle korkunç bir durumla karşılaşmamak için, çocuk sık sık ölümden söz ettiğinde ya da "Ne olursa olsun fark etmez", "Ben olmasam ne çıkar", "Öleyim de kurtulun" gibi artık bir sona geldiğini ifade eden söz ve davranışlarda bulunduğunda derhal bir çocuk psikiyatrisi uzmanına başvurulmalıdır.

Anne babaların intihar konusunda yeterince tedbirli davranmamalarının bir nedeni de halkımızın dinen en büyük günah sayılan intiharı çocukların da böyle algıladıklarını düşünmeleridir. Oysa intihar çocuk ve ergenin doğruları değerlendiremediği bir dönemin olgusudur. Çocuğun ya da ergenin kafasının bu derece karışık olduğu bir dönemde intiharın bu dinsel yanını göz önüne almaları beklenmemelidir. Bu nedenle "Benim çocuğum böyle bir şey yapmaz, dinen günah olduğunu bilir ve intiharı aklından bile geçirmez" gibi bir düşünce son derece yanlıştır. Çocukları depresyonda olan ya da ölümden söz eden bütün aileler, dinsel inançları güçlü olsun veya olmasın, çocuklarının intihar etmesini önlemek için mutlaka tedbirli olmalıdır.

İntihar girişimi ise intihar düşüncesinden ya da ölümden söz etmekten çok daha ciddi bir biçimde ele alınmalıdır. İntihar girişiminde bulunan çocuk ve ergenlerin intihar sonucu ölme riski hiç intihar girişiminde bulunmamış olanlardan çok daha fazladır. Bazen düşük dozda ilaç almak ya da bileğinde küçük kesikler açmak biçiminde öldürücü olmayan intihar girişiminde bulunan çocuk veya ergenlerin ailelerinde olay ciddiye alınmaz, hatta kızgınlık duyguları oluşturabilir. Oysa ne kadar az ölümcül olursa olsun bütün intihar girişimleri son derece önemlidir ve çocuğun ya da gencin *yardım çığlığı* olarak ele alınmalıdır. Diğer bir sorun ise intihar girişiminde bulunan gencin hastanede iyileştikten sonra pişmanlık duyması ve ailesiyle barışıp, intihar girişimi hiç olmamış gibi üstünün örtülmesidir. Çocuğun ya da ergenin intihar girişimden sonra pişmanlık duyması iyi bir durumdur. Ancak pişmanlık duygusuna karşın depresyon ya da intihar girişiminin tekrarlanması olasılığı çok yüksektir. Bu nedenle intihar girişiminde bulunan tüm çocuk ve ergenlerin mutlaka uzun süreli bir tedaviye alınmaları gereklidir.

Ölümcül olması düşük bir yöntemle intihar girişiminde bulunan bir çocuk ya da ergenin girişiminin ciddiye alınması gerekliliğini ortaya koyan bir diğer neden de bazı intihar girişimlerinin istemeden ölümle sonuçlanmasıdır. Arkadaşının doğum gününe katılmasına izin verilmediği için üç dört tane ağrı kesici alıp intihara kalkışan bir ergen basit bir müdahaleyle kurtarılabilir. Başka bir genç ise evdeki bir kalp ilacından üç dört tane aldığında ölebilir ya da kalıcı bir sağlık sorunu yaşayabilir. Yani ölüm isteği güçlü olmadan, sadece dikkat çekmeye çalışırken yaşamını yitiren çocuk ve gençler vardır. Bu girişimlerden sonra aileyle toplantı yapılarak herkese bu girişimin ne anlama geleceği, ne gibi sorunların anlatımı olduğu açıklanmalı; aileden ve gençten neler değişirse gelecekteki girişim tehlikesinin azalacağı öğrenilmelidir.

Çocuk ve gençlerin intihar düşünceleri üzerinde çalışırken yaşamlarında, duygu ve düşüncelerinde neler değişirse yaşama daha çok bağlanacakları üzerinde durulmalıdır. İstek listeleri, umut listeleri yapılarak bu listedeki değişimler için kimlerin neler yapabileceğinin belirlenmesi çok yararlı olmaktadır. Depresyondaki çocuk ve ergenin yaşam kalitesini düzeltici çabalara aile ne kadar çok katılırsa intiharı önlemede yararları o kadar daha fazla olacaktır. Sonuçta intihar önlenemese bile aile bireyleri ellerinden geleni yaptıkları için yaşayabilecekleri suçluluk duygusundan az da olsa kurtulabileceklerdir.

İntiharı önlemede en etkin yollardan birisinin tedaviyi düzenli olarak sürdürme, gereken doz ve sürede ilaç kullanımı olduğu unutulmamalıdır. Dr. Turgay'ın on altı yaşındaki erkek hastalarından birisi, babasının isteğiyle ilaç tedavisini ve psikoterapiyi kesmişti. Bundan bir yıl sonra gencin kendini öldürmesi en çok babayı sarsmış, bunun sonucunda baba da depresyona girmiş ve ciddi bir intihar girişiminde bulunmuştu.

Ailede suçluluğu azaltmanın yolu *aman intihara kalkışmasın* diye çocuk ya da genci şımartmak değil, ailenin çocuğa destek olması ve tedavisini sürdürmesidir. İntihar girişiminin hemen arkasından bu girişimin daha iyi anlaşılması için tüm aile bireyleri bir araya gelmeli, çocuk ya da ergeni ölümün eşiğine getiren nedenlerin listesi birlikte çıkarılmalıdır. Daha sonra çocuk, aile ve çocuk psikiyatrisi ekibi birlikte çalışarak bu listedeki sorunların çözümüne gayret göstermelidir.

İntihar ve intihar girişimlerinde en önemli önlemlerden birisi de evde intihar etmeyi sağlayacak araçların ortadan kaldırılmasıdır. Evde silah ya da zehirleyici maddelerin çocukların veya ergenlerin ulaşabilecekleri yerde olması intihar sonucu ölümleri bir hayli artırmaktadır. Bu nedenle depresyonda olan çocukların evlerinde çocuğun intihar etmesini önlemek için gerekli tedbirler alınmalıdır.

Öncelikle evde silah bulundurulmamalı, eğer silah bulundurmak zorunluysa kesinlikle kilit altında tutulmalıdır. Tıbbi ilaç ve böcek ilacı gibi maddeler de kesinlikle kilitli bir dolaba konulmalıdır. Özellikle kırsal kesimde ya da yazlık evlerde bulundurulan tarım ilaçlarının çocuk ve ergenlerin ulaşamayacakları yerlerde olması gereklidir. Ne yazık ki tarım ilaçları ülkemizde ortalık yerlerde bulunmakta ve tarım ilacıyla intihar girişiminde bulunanların ölmesine ya da kalıcı olarak sakatlanmasına yol açabilmektedir.

Ağır depresyonu olan ya da sık sık kendini öldürmekten söz eden çocuk ve ergenlerde intiharı önlemenin en güvenli yollarından birisi onu sürekli denetim altında tutmaktır. Böylece çocuğun ya da ergenin ilaç veya zehir içmek ya da kendini asmak veya yüksek bir yerden atmak gibi bir yöntemle intihar etmesi önlenebilir. Bazı çocuklar ve ergenlerin depresyonda sabaha karşı uyanması söz konusudur. İntihar için en tehlikeli olan bu saatlerde çocuğun ya da ergenin intihara kalkışmasını önlemek için aileden birisinin gece de çocuğu sık sık kontrol etmesi yararlıdır. Küçük çocuklarda en sık görülen intihar yöntemi kendini yüksek bir yerden atmak olduğundan küçük çocukları depresyonda olan ailelerin kapı ve pencereleri kilitli tutması gereklidir. Ayrıca ergenlerin büyük bir bölümünün alkollüyken intihar ettikleri göz önünde bulundurulmalıdır. Olanak varsa ergenlerin depresyon döneminde alkol almaları önlenmeli, bu yapılamazsa alkol alırken yanında çok güvenilir kişilerin bulunması sağlanmalıdır.

İntihar eden bireylerin yüzde 90'ının bir psikiyatrik bozukluğu bulunmaktadır. İntiharla en çok ilişkili psikiyatrik bozukluk depresyon ve bipolar bozukluktur. Uzun süre fark edilemeyip tedavisiz kalan depresyonun intihar girişimine neden olması şaşırtıcı değildir. İntiharın ve intihar girişiminin depresyon dışındaki nedenleri depresyonun nedenleriyle aynıdır. Depresyonda olduğu gibi kalıtım, beyindeki başta serotonin olmak üzere biyolojik maddelerin dengesizliği, çocuk ve ergenin düşünce bozuklukları, aile içi şiddet ve huzursuzluk, anne-baba-çocuk ilişkilerinde sorunlar ile çocuğun ya da ergenin olumsuz yaşam olaylarıyla karşılaşmasını da içeren birçok etmenin birbiriyle etkileşimi sonucunda intihar gerçekleşebilir.

Ülkemizde ergenlerde intihar ve intihar girişimlerinin nedenleri

Batılı ülkelere göre bazı farklılıklar göstermektedir. Bu farklılıkların en başında ülkemizde genç kızların "namus" nedeniyle intihar edebilmeleridir. Bir erkekle arkadaşlık eden ya da cinsellik yaşayan bazı genç kızlar bu durum aileleri tarafından öğrenildiğinde veya öğrenilebileceği korkusuyla intihara kalkışabilmektedir. Benzer biçimde, birlikte olduğu erkekle cinsellik yaşayan genç kızlar bakireliği bozulduğu için ileride evlenemeyeceği ya da ailesinin bu durumu öğrenirse kendisine çok sert davranacağı gibi korkularla intihara kalkışabilmektedir. Ülkemizdeki erkekler için de riskler mevcuttur. Batılı ülkelere oranla ülkemizde kızlara göre erkeklerden daha fazla iş edinme beklentisi vardır. Üniversite sınavını kazanma ya da iyi bir iş edinme konusunda baskı gören ve umutsuzluğa kapılan genç erkeklerde intihar girişimlerine rastlanmaktadır. Bu nedenle "İleride aile reisi olacaksın ama ne okudun ne bir işin var" gibi suçlamalarla çocuklarımızın üzerine gitmemeliyiz.

Ülkemizde ve diğer ülkelerde bazen intihar salgınlarına rastlıyoruz. Özellikle ünlü bir kişinin ölümünü izleyen bu tür salgınlar çocuk ve ergenlerin intiharında "model almanın" rolünü vurgulamaktadır. Tarihte bu tür intihar salgınlarına yol açtığı düşünülen kitapların yasaklandığı ya da birçok insan orada intihar ettiği için bazı köprülerin yaya geçişine kapatıldığı bilinmektedir. Ülkemizde de İstanbul Boğaz Köprüsü sevdiği insana ya da medyaya içinde bulunduğu sıkıntıyı göstermek isteyen insanların intihar girişimine hatta bazen "intihar şovlarına" sahne olmaktadır. Burada medyanın sorumluluğu da gözden kaçırılmamalıdır. Çünkü medya bu insanların intihar girişimlerine yer vermese ya da çok sınırlı bir yer verse bu tür intihar salgınlarının önüne geçilebilir. Medya organlarında sık rastlanan bir yanlışlık da intiharı bir erdem ya da özenilecek bir durum olarak göstermektir. Örneğin "Onurlu genç aşkı için canına kıydı" gibi bir haber gençler tarafından, "çok seven onurlu insanların" gönül ilişkileri sona erdiğinde intihar etmesi gerekir gibi algılanabilir. Ya da "İzmir Lisesi Merve'ye ağladı" biçiminde bir haber ölüm kavramını tam olarak algılayamayan çocuk ve ergenlerin intiharı bir "kahraman olma" yolu olarak veya kendisini anlamadığını düşündüğü insanlara "değerli olduğunu" göstermenin bir yolu olarak düşünmesine neden olabilir.

Çocuklarda intiharı önlemek için anne babaların yapması gerekenler

- Çocuğunuzun depresyonda olduğundan şüphe ediyorsanız ya da çocuğunuz ölümden söz ediyorsa derhal bir çocuk psikiyatristine başvurun.
- Tedaviye başlanana kadar ve tedavinin ilk haftalarında gerekli önlemleri alın. Çocuğu yalnız bırakmayın, intihar için kullanılabilecek silah, ilaç gibi şeyleri ortalıkta bırakmayın.
- Tedaviyi çocuk psikiyatristinizin önerileri doğrultusunda sürdürün. Kulaktan dolma sözlerle çocuğunuzu tedavisiz bırakmayın.
- Çocuğun intiharla ya da ölümle ilgili konuşmasını engellemeyin. Duygularını anlatmak ona zarar değil yarar getirir.
- Depresyon geçene kadar çocuklarınızdan beklentilerinizi azaltın, onlara eleştirici değil destekleyici bir biçimde yaklaşın.

- Bir kez intihar girişiminde bulunan bir çocuğun ileride intihar etme riski artmaktadır. Bu nedenle ölümcül olan ya da olmayan her intihar girişimini son derece önemseyin.
- Depresyon tedavisi gören çocuğunuz "iyileşti" diye ilacı hemen kesmeyin. Etkin ve yeterli süreli ilaç tedavisi yaşam kurtarıcı olabilir.
- Çocuk ve gencin mutluluğunu, yaşama bağlılığını, yaşam isteğini, çevresiyle ilişkilerini düzeltici etkinlikleri belirleyip öğretmeni ve diğer önemli kişilerle birlikte yaşama geçirmeye çalışın.

8. bölüm

Bipolar bozukluk (manik-depresif bozukluk)

Bipolar bozukluk bir kişinin hem depresif hem de manik dönemler yaşaması durumudur. Depresyon ve mani dönemleri birbirinin tam zıttıdır. Depresyon insanın mutsuz, durgun, kendisini değersiz hissettiği ve umutsuz olduğu, kısacası çökkünlük yaşadığı bir dönem olarak nitelendirilebilir. Mani ise kişinin taşkın olduğu ve kendisini üstün gördüğü bir dönemdir. Depresyon ve mani iki ayrı kutupta (uçta) yer aldığı için bu iki dönemi yaşama hastalığına iki uçlu bozukluk anlamına gelen "bipolar bozukluk" denir.

Depresyonu olan çocuk ve ergenlerin bir kısmında bipolar bozukluk görülebilir. Bipolar bozukluk depresyon ve mani ataklarının olduğu yineleyici bir hastalıktır. Kişinin kendi normal mizacı düz bir çizgi olarak nitelendirilirse, depresyon çizginin altında, mani ise çizginin üstünde olma durumudur. Bipolar bozuklukta hastalığın gidişi ve tedavisi sadece depresyon olan durumlardan önemli farklılıklar gösterdiği için bu kitapta bipolar bozukluktan kısaca söz edilecektir. Ayrıca, depresyon ayrıntılı olarak anlatıldığından bu bölümde bipolar bozukluğun sadece manik döneminin özellikleri üzerinde durulacaktır.

Manik bozukluğun belirtileri

Manik bozukluğun *temel belirtisi* kişinin mizacında önemli bir değişikliğin olmasıdır. Bu değişim taşkınlık düzeyinde bir coşku hali, aşırı neşelilik ya da aşırı huzursuzluk biçiminde olabilir.

Manik bozukluğun temel belirtisine eşlik eden belirtiler aşağıda sıralanmıştır. Bir kişide manik bozukluğun temel belirtisiyle birlikte aşağıda sıralanan belirtilerden üç ya da dört tanesinin bulunması durumunda o kişide manik bozukluk olduğu tanısı koyulur.

- Benlik saygısında aşırı artış.
- Uyku gereksiniminde azalma (örneğin, sadece üç saatlik bir uykudan sonra kendini dinlenmiş hissetme).
- Konuşma miktarında gözle görülür artış ve aşırı hızlı konuşma.
- Fikir uçuşmaları ya da düşüncelerin sanki yarışıyor gibi birbirinin peşi sıra gelmesi.
- Dikkatin bir noktada tutulamaması, sürekli olarak bir konudan bir konuya kayması.
- Eskisine oranla aşırı enerjik olma.
- Cinselliğe aşırı ilgi ya da konuşurken çok fazla cinsellikle ilgili sözler etme.
- Kötü sonuçlar doğurma olasılığı yüksek, zevk veren etkinliklere aşırı katılma (örneğin eskiden kabul edebileceğinin çok üstünde cinsellik yaşama).

Çocuklarda ve ergenlerde bipolar bozukluk

Çocuklarda bipolar bozukluk oranı binde bir civarındadır. Yedi yaşından küçük çocuklarda bipolar bozukluk görülmesi çok nadirdir ve anlaşılması çok zordur. Ergenlerde ise bipolar bozukluk erişkinlerdeki sıklığı olan yüzde bire yakındır. Yani çocukluktan ergenliğe geçişle birlikte bipolar bozukluk görülme sıklığında çok yüksek bir artış olmaktadır.

Manik atak yaşayan çocuk ve ergenlerde temel belirti aşırı gerginlik (irritabilite) halidir. Yani eskisine göre çok sinirli olurlar ve küçük bir kıvılcımdan patlayan biri haline gelirler. Erişkinlerde olduğu gibi çocuklar ile ergenlerde de manik atağın diğer belirtilerinden olan aşırı enerjik olma hali ve konuşkanlık görülür. Anne babalar bu durumu, "Çocuğumda inanılmaz bir değişiklik var. Eskiden sakin olan çocuğum aniden hiperaktif oldu" biçiminde anlatırlar. Çocuğun aşırı enerjik ve konuşkan olmasının yanı sıra konuşma hızının artması ve çok hızlı bir biçimde konudan konuya atlaması da göze çarpar. Hatta çocuğun ya da ergenin ses tonu bile değişebilir ve normal ses tonuyla konuşan bir çocuk manik dönemde çok yüksek sesle konuşmaya başlayabilir. Konuşma içeriği de çok farklılaşıp durduk yerde yalan söyleme, olayları abartma görülebilir. Daha önce çocuğu yalan söylemeyen anne babaların başta bu yalan ve abartmalara inandıkları da olur. Bazen bu yalanlar o kadar artar ki anne babalar bu durumu bize şöyle anlatırlar:

"Doktor bey, eskiden çocuğum hiç yalan söylemezdi ama şimdi sanki senaryo yazıyor. Olmamış olayları uzun uzun anlatıyor. Öyle bir anlatıyor ki inanılmayacak gibi değil. Sonra araştırınca bir de bakıyoruz hepsi yalanmış. Artık onun hiçbir sözüne güvenemiyoruz."

Manik dönemdeki çocuk ve ergenler bazen nedensiz yere yalanlar söylerken bazen de para almak ya da istediği şeyleri anne babaya aldırmak için yalana başvururlar. Çünkü manik dönemde aşırı para harcama ve gerekli gereksiz bir sürü şeyi aldırma çok sık görülen bir belirtidir. Okul servisi parasını ödemeyip o parayla arkadaşlarına bir sürü şey ısmarlama ya da aslında hiç işine yaramayacak bir aygıtı satın alma oldukça sık görülür. İsteklerin ve para harcamanın aşırı olmasının yanı sıra bu istekler karşılanmadığında çocuğun tepkisinde de çok farklılıklar görülür. Eskiden para istediğinde ya da istediği bir şey alınmadığında normal düzeyde tepki gösteren çocuk ve ergenler manik dönemde inanılmaz derecede ısrarcı olurlar. İstekleri yerine getirilmediğinde öfke ya da ağlama nöbetleri geçirirler, hatta anne babaya eskiden kullanmadığı kötü sözleri söyleme hatta onları tehdit etme bile görülebilir. Anne babalar manik dönemdeki çocuklarının bu olumsuz davranışlarına alışık olmadıklarından onları dövmeye bile kalkabilirler. Oysa bu davranış manik bozukluğun kötüleşmesinden başka bir şeye yaramaz.

Manik dönemdeki çocuk ve ergenlerde görülebilen bir bulgu da kendine güvende aşırı artıştır. "Ben herkesten güçlüyüm", "Ben dünyadaki en akıllı insanım" ya da "Dünyanın en iyi romanını yazacağım" gibi aşırı böbürlenmelere rastlanabilir. Kendine güvendeki aşırı artış manik dönemdeki çocuğun ya da ergenin çevresindeki insanlarla ilişkisini de bozar. Çünkü manik dönemdeki bir çocuğun ya da ergenin "Siz aptalsınız, ben çok akıllıyım" gibi sözler etmesi ailesinin ve arkadaşlarının tepkisini çeker. Çevreden gelen tepkiler manik bozukluk nedeniyle zaten aşırı sinirli olan çocuğun ya da ergenin çok kırıcı olmasına hatta saldırganlaşmasına yol açabilir. Eski arkadaş çevresinden tepki gören ya da dışlanan çocuk veya ergenin bu kez olumsuz arkadaşlıklara yönelmesi görülebilir. Girdiği olumsuz çevre ve manik dönemin aşırı risk alma özelliği bir araya geldiğinde çok olumsuz sonuçlar meydana gelebilir. Örneğin manik dönemdeki çocuk ya da ergen çok erken yaşta sigara-alkol-uyuşturucu madde kullanabilir veya suç işleyebilir.

Manik dönemdeki çocuk ve ergenlerde cinselliğe aşırı ilgi de görülebilir. Küçük bir kız çocuğu bile manik dönemdeyken makyaj yapmak ve çok açık elbiseler giymek gibi istekler dile getirebilir. Daha büyük yaştaki çocuk ve ergenlerde ise eskisine oranla çok daha sık mastürbasyon yapma ya da normalde kabul etmeyeceği düzeyde cinsellik yaşama görülebilir. Konuşma içeriği de farklılaşıp, sürekli cinsel konulardan söz edebilir ya da eskiden söylemekten utanacağı sözleri çok rahat bir biçimde söyleyebilir.

Manik dönemdeki çocuk ve ergenlerde nadiren psikotik bulgular da görülebilir. Psikotik bulgu, kişinin olmayan sesler işitmesi veya görmesi ya da gerçekdışı şeylere inanması durumudur.

Dr. Turgay'ın hem annede hem babada bipolar bozukluk olan on üç yaşındaki bipolar bozukluklu ergen hastası Kanada'dan Amerika ve Rusya hükümet yetkililerine yüzlerce kez telefon edip dünyayı nasıl kurtarabilecekleri konusunda tartışmalara girerken bir yandan da Toronto belediye yetkililerine gece gündüz uyumaksızın işleri düzeltmek için önerilerde bulunuyordu. Üzerine birçok işler alıp bu işleri yürütemeyince herkese bağırıp çağırıyordu. Anne babası fazla para harcamasını önleyememişti. Para vermediklerinde evdeki eşyaları satıyor, akrabalarından ve arkadaşlarından borç alıyordu. Bir keresinde Toronto'daki tüm evsizlere birer dolar verebilmek için sokak sokak dolaşmış ve gece sokakta yatan evsizleri para vereceğim diye uyandırmaya kalkışması sonucu çıkan kavgadan sonra polis onu hastaneye götürmüş ve ancak o zaman tanı konmuştu. Lityum tedavisiyle bir haftada durumu kontrol altına alınmıştı.

Çocuklarda ve ergenlerde bipolar bozukluğun meydana gelme nedenleri

Depresyona göre bipolar bozukluğun meydana gelmesinde biyolojik etkenlerin rolü daha fazladır. Çocuklarda ve ergenlerde bipolar bozukluğun ortaya çıkmasında en önemli etken kalıtımdır. Anne babadan birisinde bipolar bozukluk varsa çocuklarında bipolar bozukluk görülme riski psikiyatrik bir bozukluğu olmayan bir anne babanın çocuğundan dört kat daha fazladır.

Çocuklarda ve ergenlerde bipolar bozukluk tanısının konması

Erişkinlik döneminde başlayan bipolar bozukluk çok tipik, yani anlaşılması çok kolay bir seyir izler. Eskisinden çok neşeli, çok konuşan ve konuşurken konudan konuya atlayan, kendisine her konuda inanılmaz derecede güvenen, eskisinden çok az uyuyup ertesi gün dinç ve aşırı hareketli olan, gereksiz şeyleri satın alıp riskli düzeyde borçlanan, müthiş fikirleri ve projeleri olduğunu söyleyen, eskisine göre cinsellikle aşırı ilgili olan ve daha önceleri hiç yapmayacağı şeyleri yapmaya kalkışan (örneğin yeni tanıştığı birine tüm aile sırlarını anlatan) bir erişkinin manik bozukluğu olduğu kolayca anlaşılır. Ancak bipolar bozukluğu olan çocuk ve ergenlerin çok az bir kısmı klasik manik bozukluk belirtileri gösterir. Bipolar bozukluğu olan çocuk ve ergenlerin pek çoğunda hayli karmaşık bir klinik tablo görülür. Bu nedenle çocuk ve ergenlerde bipolar bozukluk tanısı koymak epeyce güçtür.

Özellikle yedi yaşından küçük çocuklarda bipolar bozukluğun anlaşılması çok zordur. Çünkü bipolar bozukluğun belirtileri olan coşkunluk, aşırı hareketlilik, dikkat dağınıklığı, aşırı konuşma ve huzursuzluğu normal çocukluk özelliklerinden ya da çocukluk çağında oldukça sık görülen "dikkat eksikliği hiperaktivite bozukluğu"ndan ayırmak son derece güçtür. Çocuk ve ergenlerde bipolar bozukluğun tanınmasını zorlaştıran bir diğer etken de bipolar bozukluğu olan çocuk ve ergenlerin sıklıkla başka psikiyatrik bozukluklarının da bulunmasıdır. Örneğin bipolar bozukluğu olan çocuk ve ergenlerin yüzde 60'ında eşlik eden "dikkat eksikliği hiperaktivite bozukluğu" bulunduğu bilinmektedir. Ancak çocuk ve ergenlerde manik depresif bozukluk tanınıp tedavi edilmediğinde kronikleşip (müzminleşip) başta alkol-madde bağımlılığı ve antisosyal kişilik bozukluğu (toplumda psikopatlık olarak adlandırılan ağır davranış sorunlarının görüldüğü kişilik bozukluğu) olmak üzere ağır psikiyatrik ve sosyal sorunlara yol açabilir.

Çocuklar ile ergenlerde bipolar bozukluk tanısı konurken anne baba ve çocukla görüşülmesi, ayrıca çocuğun öğretmeninden bilgi alınması gereklidir. Yukarıda söz edilen manik bozukluğun belirtilerini taşıyan bir çocukta ya da ergende daha önce geçirilmiş bir depresyonun olup olmadığı araştırılır. Daha önce geçirilmiş bir depresyonun varlığı ve görüşme sırasında manik bozukluğun bulunması bipolar bozukluk tanısını koymada yardımcı olur. Daha önce depresyon geçirmemiş olan çocuklarda yani ilk atak olarak mani görülen çocuklarda bipolar bozukluk tanısı koymak daha ayrıntılı bir değerlendirme gerektirir.

Erişkinlerde görülen bipolar bozukluklardan farklı olarak çocuk ve gençlerde "karmaşık bipolar" dediğimiz bir çeşit çok sık görülür. Aynı günde maniden depresyona geçişler şeklinde uç duygular arasında çok hızlı gidiş gelişler çocuk ve ergenlerde bipolar bozukluğun değerlendirilmesinde gözden kaçırılmamalıdır.

Bipolar bozukluğun tedavisi

İlaç tedavisi bipolar bozukluğun olmazsa olmaz tedavisidir. Bipolar bozukluk yineleyici depresyon ve mani ataklarıyla giden bir hastalık olduğundan mizaç düzenleyici ilaçların uzun süre kullanılması ve böylece çocuğun ya da ergenin hastalıktan korunması gereklidir. Lityum ve valproat çocuk ya da ergenlerde en çok seçilen mizaç düzenleyici ilaçlardır. Bipolar bozukluğu olan çocuklar ile ergenlerde mizaç düzenleyici ilaçların mutlaka kullanılması gerekir ama yan etkilerinin ve kandaki düzeylerinin düzenli aralıklarla kontrol edilmesi gerekir. Erken ilaç kesilmesi, düzensiz ya da düşük doz ilaç kullanımı depresyon ve mani ataklarının tekrarlamasına yol açar. Çoğunlukla mizaç düzenleyici ilaçların etkisi başlayana kadar manik bozukluğun tedavisinde ek ilaçlar kullanılır. "Antipsikotik" adı verilen bu ilaçlardan çocuk ve ergenlerde en fazla tercih edilenler risperidon, olanzapin ve ketiapindir. Bipolar bozukluğun ilaçla tedavisine ek olarak depresyon tedavisinde anlatılan anne baba ve çocuğun bilgilendirilmesi ve bilişsel davranışçı tedavilerin uygulanması da yararlıdır.

Kızıma neler oldu?

Bipolar bozukluğu olan bir kız çocuğunun manik dönemi

Selda'yı görüşmeye getiren anne babası ve ablası, inanılmaz derecede telaşlıydı. Selda tam kapıya kadar gelmiş olmasına karşın avaz avaz bağırıp küfrediyor, susması için uyaranları da ittiriyordu. Odaya girdiğinde bize karşı çok saldırgan olmasa da aşırı rahat hali gözden kaçmıyordu. Daha yeni tanıştığı psikiyatriste oldukça samimi bir biçimde hitap ediyor, "Evli misin sen?" ya da "Odan güzelmiş, çok kazanıyor musun?" gibi özel sorular soruyordu. O kadar çok konuşup konudan konuya atlıyordu ki onu takip etmek olanaksızdı. Konuşma boyunca birbiriyle tutarsız o kadar çok şey söylüyordu ki on beş yaşında bir insanın bu kadar çok yalanı bir anda uydurması ve karşısındakinin de buna inandığını düşünmesi çok garipti.

Selda'dan sonra anne babası ve kendisinden üç yaş büyük ablası odaya girdiler. Aile, Selda'nın peşinden koşmaktan perişan haldeydi. Bebekliğinden beri son derece uyumlu, derslerine ve ailesine düşkün olan Selda gitmiş, yerine çok farklı bir çocuk gelmişti. Son günlerde Selda "serseri" diye nitelendirilebilecek çocuklarla içki-sigara içiyor, geceleri saat 12'lerde eve geliyor, ailesi onu eve getirmeye çalıştığında sokakta rezalet çıkarıyordu. Evlerinde de tedirginlik hâkimdi. Aile bireylerinin en ufak bir uyarıları ya da sözleri karşısında Selda çileden çıkıyor, anne baba ve ablaya sürekli saldırıyordu. Hepsinin vücutları morluklar içerisindeydi. Ayrıca Selda eskisine göre inanılmaz miktarda para harcıyor, para elde etmek için hiçbir sınır tanımıyordu. Örneğin, annesinin antika yüzüğünü değerinin binde biri fiyata bozdurup arkadaşlarına şarap alıyordu. Okulla ilişkiyi tamamen kesmişti; bırakın ders çalışmayı okulda yarım saatten uzun süre duramıyor, "malum" arkadaşlarının bulunduğu kafelere gidiyordu.

Kısacası aile kâbus gibi bir dönem geçiriyor, Selda ise şaşkınlık içerisinde bir tehlikeden diğerine yol alıyordu. Aileye Selda'nın bipolar bozukluk hastalığının manik dönemini yaşadığını ve hemen tedaviye başlamamız gerektiğini anlattık. İçinde bulunduğu taşkınlık döneminde bir sorunla karşılaşmaması için hastaneye yatırdık ve hemen etkili olabilecek bir ilaçla tedaviye başladık. Ayrıca, ileride hastalığı tekrarlamasın diye "mizaç düzenleyicisi" adı verilen koruyucu bir ilacı da tedaviye kattık.

Selda dışarıdan bakıldığında içinde bulunduğu coşkulu durumdan memnun ve yaşadığı olumsuzlukların farkında değilmiş gibi görünüyordu. Ancak bir süre konuştuktan sonra hastanede yatmayı ve ilaç kullanmayı kabul etti. On gün hastanede yattıktan sonra oldukça sakinleşen Selda'yı eve gönderdik. İlaç kullanmaya devam edip haftada bir görüşmelere geldi. Çok devamsızlığı olduğundan o yıl okula gidemedi ama öbür yıl okuluna başlayıp hastalıktan önceki Selda'dan farksız bir yaşam sürmeye başladı. Selda'nın ilk hastalandığından bu yana iki yıl geçti. Şu sıralar dört beş ayda bir yüz yüze, arada bir de telefonla görüşüyoruz. Sadece mizaç düzenleyici ilacını kullanıyor. Hastalık günlerini artık hatırlamak bile istemiyor...

9. bölüm

Çocuklarda ve ergenlerde depresyonla birlikte sık görülen psikiyatrik bozukluklar

Çocuklarda ve ergenlerde depresyon genellikle başka psikiyatrik bozukluklarla bir arada bulunur. Anksiyete bozuklukları, dikkat eksikliği hiperaktivite bozukluğu, davranım bozukluğu, öğrenme bozukluğu çocuk ve ergenlerde depresyonla birlikte en sık görülen bozukluklar olduğu için bu bölümde bu konuya geniş yer verilmiştir. Depresyondaki çocuk ve ergenlerde eşlik eden psikiyatrik bozuklukların belirlenmesi son derece önemlidir. Çünkü yeni geliştirilen tedavilerin de olumlu etkisiyle depresyonun ve birlikte görülen bozuklukların giderilmesinde önemli adımlar atılabilir.

Anksiyete bozukluğu olan çocuklarda depresyon

Anksiyete kaygılı olma ya da huzurlu olmama durumudur. İnsanda anksiyete durumunu yoğun bir biçimde oluşturan bozukluklar "anksiyete bozuklukları" olarak adlandırılır. Bu bölümde çocuk ve ergenlerde depresyonla sık olarak birlikte görülen anksiyete bozuklukları olan obsesif-kompulsif bozukluk, ayrılma anksiyetesi bozukluğu ve fobiler anlatılacaktır.

Depresyon ve anksiyete bozuklukları çok sık olarak birlikte görülür. Depresyondaki bireylerin çok büyük bir bölümünde tam bir anksiyete bozukluğu oluşturacak kadar olmasa da anksiyete gözlenir. Depresyondaki bireylerin bir kısmında ise tanı konacak düzeyde bir anksiyete bozukluğuna rastlanır. Anksiyete bozukluğu olan bireylerde ise yaşanan kaygılı ruh hali normal bireylerden daha fazla depresyona girmelerine neden olur. Anksiyete bozukluğu olan çocuk ve gençlerde depresyon dışındaki psikiyatrik bozukluklar da çok sık görülür. Dr. Turgay ile Dr. Ercan'ın 2003 yılı Amerikan Psikiyatri Birliği kongresinde birlikte sundukları bir araştırmada, anksiyete bozukluğu olan çocuk ya da gençlerde çok sık olarak depresyon ve dikkat eksikliği hiperaktivite bozukluğu bulunduğu gösterilmiştir.

Obsesif-kompulsif bozukluğu olan çocuklarda depresyon

Obsesif-kompulsif bozukluk (OKB) Türkçeye "saplantı-zorlantı bozukluğu" olarak çevrilmiştir. Ancak, pek çok psikiyatrist OKB kısaltmasını seçmektedir. Obsesyon "endişeli düşünce" ya da "evham" anlamına gelir. Kompulsiyon ise "takıntılı davranış" ya da "ritüel" anlamındadır. OKB olan bazı bireylerde sadece obsesyon, bazılarında sadece kompulsiyon, bazılarında ise obsesyon ve kompulsiyon bir arada görülür.

OKB bir insanın yaşamını etkileyecek düzeyde takıntı ya da evhamlarının olması hastalığıdır. Örneğin sürekli evini temizlediği için eşine ve çocuklarına zaman ayıramayan bir kadın; mikrop kapmaktan korkup aşırı el yıkadığı için bürosundaki işleri aksatan bir memur; yediği yiyeceklerin kabuğunu atamadığı için torbalarca çöpü biriktirip anne babasından azar işiten çocuk ve sürekli olarak, "çocuklarıma bir şey oldu mu" korkusu yaşadığı için çoğu zamanını huzursuz geçiren bir baba OKB hastalığını taşımaktadır.

Bazı evham ve takıntılar ise son derece normaldir ve herkeste görülebilir. Hemen her insanda, sözü geçen olumsuz olay başına gelmesin diye "kulağını çekip elini tahtaya vurma" ya da yolda yürürken mümkün olduğunca çizgilere basmama bunun bir örneğidir. Ancak bu tür davranışlar çoğunlukla kültürel bir davranıştır ve kişinin günlük yaşamında herhangi bir soruna yol açmaz. Kişinin iş, okul, aile ve sosyal yaşamını aksatacak düzeyde olan evham ve takıntılar ise OKB olarak değerlendirilir.

OKB belirtileri OKB olan kişilerin çoğunda değişkenlikler gösterir. Örneğin bir süre AİDS kapma korkusu nedeniyle sokağa çıkamayacak bir kişi bu evhamı hafifledikten bir süre sonra aşırı temizlik gibi bir başka OKB belirtisine yönelebilir. Bu değişkenlik OKB belirtilerinin şiddetinde de dikkat çeker. Özellikle stresli dönemlerde OKB belirtilerinin şiddetinde artma görülürken bazen kendiliğinden hafiflemeler olabilir.

Çocuklarda ve ergenlerde OKB

Her 100 çocuk ve ergenin birinde OKB görülür. OKB meydana gelme nedeni biyolojiktir. Beyinde serotonin adlı maddenin düşüklüğü ile OKB belirtileri arasında ilişkiler bulunmuştur. OKB'nin oluşmasında kalıtımın da rolü bulunmakta ve stresli bir olayın tetiklemesiyle ya da hiçbir olay olmaksızın kalıtımsal yatkınlığı olan çocuk ve ergenlerde OKB ortaya çıkmaktadır.

Çocuk ve ergenlerde OKB ile erişkinlerde OKB benzer özellikler göstermekle birlikte bazı farklılıklar vardır. OKB olan erişkinler evham ve takıntılarının anlamsız olduğunu bilir ama kendilerini bu düşünce ve davranışlarından kurtaramazlar. Ama küçük çocuklar evham ve takıntılarının anlamsızlığının farkına tam olarak varamazlar. OKB olan çocuklar, erişkinlere ve ergenlere oranla yaşadıkları durumu değişik bir biçimde ifade ederler. Örneğin, "içimdeki ses", "kafama sanki tutkalla bir düşünce yapışıyor" ya da "beynimin bir tarafı yap diğer tarafı yapma diyor" derler. Ayrıca çocuklar erişkinlere oranla çok daha sık etrafındakileri takıntılarına ortak ederler. Örneğin kafasındaki takıntılı düşünceyi gidermek için anne babaya aynı soruyu defalarca sorup, doğrulatmak isterler.

Çocuk ve ergenlerde en sık görülen OKB belirtilerinden birisi mikrop kapma endişesidir. Eline topluiğne batınca AİDS olacağı korkusunu yaşayan bir çocuk ya da bir genç kızın "biri AİDS mikrobu olan bir iğneyi bana batırır" korkusuyla toplum içine çıkmaması bunun en sık rastlanan örneklerindendir. OKB olan çocuk ve ergenlerde en sık rastlanan korkulardan birisi de genel tuvaletleri kullanamamadır. Temizliği kesinlikle bilinen yakın bir akrabanın ya da çok temiz bir otelin tuvaletini bile kullanamayan ve bu nedenle tuvaletini günlerce tutan OKB olan çocuklar ve ergenler vardır.

OKB olan çocuklarda en sık görülen takıntılardan birisi tekrarlamadır. Örneğin "bir elim değdi öbürü de değecek" ya da "kapıdan üç kez girip çıkmam gerek" gibi takıntılardır. Bazen anne babanın da bu takıntılara ortak edildiği olur. "Anne üç kez tövbe de", "anne dört kez öp" ya da anne babaya aynı şeyi defalarca doğrulatma gibi tekrarlatmalar çoğu zaman anne babayı bunalma noktasına getirir.

OKB olan çocuk ve ergenlerde sık görülen bir diğer belirti de kendisinin ya da yakınlarının başına kötü bir şey gelir biçimindeki aşırı evhamdır. Baba eve gelmekte beş dakika geciktiğinde onu defalarca telefonla arama ve bu sürede aşırı gerilme ya da "eğer içimden dörde kadar saymazsam anneme babama bir şey olur" gibi davranış ve düşünceler bunun en çok görülebilen örneklerindendir.

Çocuklarda ve ergenlerde sık görülen OKB belirtileri

Obsesyonlar	**Kompulsiyonlar**
Mikrop ya da hastalık kapma korkusu	Aşırı temizlik
Kendisinin ya da anne babasının başına bir şey gelme endişesi	Kapı, musluk gibi şeyleri kapatıp kapatmadığını defalarca kontrol etme
Başına utanılacak bir olayın gelmesinden korkma	Bir işi belli sayıda tekrarlama (yatağa üç kez yatıp kalkma gibi).
Belirli sayılara takılma	Sayma
Eve hırsız girme korkusu	Aşırı düzenli olma
Bazı sayıların kendisine uğursuzluk getireceği saplantısı	Gerekmeyen nesneleri biriktirme
Eşyaların simetrik durmasının kendisini kötülüklerden koruyacağına inanma	Anne babaya aynı şeyi defalarca doğrulatma
Önemli bir hastalığa yakalanacağı korkusu	Sürekli kontrol etme nedeniyle aşırı yavaşlık

OKB olan çocuk ve ergenlerde depresyon

OKB olan çocuklar ile ergenler engel olamadıkları evham ve takıntıları nedeniyle büyük sıkıntı yaşadıklarından ve çevreleri tarafından bu davranışları nedeniyle eleştirildiklerinden sıklıkla depresyona girerler.

Bu nedenle OKB olan çocukların ve ergenlerin depresyonda olup olmadıkları mutlaka araştırılmalıdır. Sevindirici olan, depresyon tedavisinde kullanılan SSRI grubu antidepresanların OKB'yi de tedavi etmesidir. Gene depresyonu olan çocuk ve ergenlerin tedavisinde yararlı olan bilişsel davranışçı tedaviler OKB tedavisinde oldukça yararlıdır. Ancak OKB'yle birlikte depresyonu da olan çocuk ve ergenlere bilişsel davranışçı tedavi uygulanabilmesi için öncelikle depresyonun tedavi edilmesi gereklidir. İntihar girişimlerinin ve intiharla ölümün önlenmesinde bu çok önemlidir. Şiddetli depresyon ile OKB'nin birlikte olduğu durumlarda, her iki hastalığın verdiği acı ve mutsuzluk dayanılmaz olabilmekte, kişi bu durumdan kurtulmak için intihara yönelebilmektedir. En önemli konulardan birisi de anne babanın OKB belirtilerinin ikna yoluyla geçmeyeceğini bilmesi ve *vakit geçirmeden* tedaviye başlamasıdır.

Takıntılı bir çocuğun depresyonu

Murat on yaşında ve yaşına göre oldukça zeki bir çocuk. Genellikle çocukların psikiyatriste götürülme fikri anne babalardan gelir ama bu kez psikiyatriste gitmeyi Murat istemiş. Murat aslında çok sorunsuz bir çocuk olmasına karşın son bir iki yıldır kendisinde hissettiği bazı tuhaflıklar evde gerginliğe yol açıyormuş. Anne babanın tüm engellerine rağmen okulda aldığı tüm yiyeceklerin ambalajlarını eve getirip saklıyormuş. Ne kadar ikna edilmeye çalışılırsa çalışılsın bu huyunu bırakamayan Murat'la konuştuğumuzda başka takıntılarının da olduğunu öğrendik. Yatarken yanına üç oyuncağını almadan uyuyamıyormuş. Yatağa girdikten sonra da kendisini yataktan kalkıp üç kez kapıya değmek zorunda hissediyormuş. Anne babanın anlam veremediği bir takıntısı da Murat'ın sürekli pijamasını çekiştirmesiymiş.

Kimsenin fark etmediği ama Murat'ı en çok rahatsız eden takıntısı ise anne babasını ya da kardeşini yitireceği korkusuydu. Anne babanın son bir iki yıldır farkına vardığı bu takıntılara son birkaç ay içerisinde Murat'ın mutsuzluğu ve huzursuzluğu eklenmiş. Vara yoğa alınma ve ağlama, her şeye sinirlenme, sık sık ölümden söz etme Murat'taki obsesif-kompulsif bozukluğa (takıntı-evham hastalığına) depresyonun da eklendiğini ortaya koyuyordu. Ancak tedaviye başladıktan on beş-yirmi gün sonra her şey yoluna girmeye başlamıştı. Öncelikle mutsuzluk ve ölüm düşüncelerinde azalma görüldü. Takıntıların azalması ise daha yavaş gidiyordu. Etkin bir ilaç tedavisi ve psikoterapiyle Murat'ın takıntıları da hafifliyor, ailesinden birisinin öleceği korkusu aklına gelse bile bu takıntıları savuşturmak eskisine göre çok kolay oluyordu. Tedavinin birinci yılında Murat, depresyonu tamamen geçmiş mutlu bir çocuktu. Takıntıları ara sıra oluyordu ama Murat'ın yaşamını etkileyecek düzeyde değildi:

"Bazen bir elimle değdiğim yere diğer elimle de dokunuyorum ama istesem dokunmayabilirim."

Ayrılma anksiyetesi bozukluğu

Çocukların anne babalarından ya da sevdiklerinden ayrıldıklarında gösterdikleri aşırı kaygı durumuna "ayrılma anksiyetesi" denir. Bu kaygı durumu kendini iyi hissetmeme halinden tam bir panik atak durumuna kadar değişebilir.

Çocukların ayrılık anksiyetesi nedeniyle çocuk psikiyatristine getirilmeleri, okula gitmeyi reddetme ya da baş ağrısı, karın ağrısı gibi bedensel belirtiler nedeniyle olur. Diğer ayrılma anksiyetesi bozukluğu belirtileri, sevdiklerinin başına kötü bir şey geleceği kaygısıyla gerçekçi olmayan endişe duyma, ayrılık temaları olan kâbuslar görme, ayrılık olasılığı meydana geldiğinde aşırı kaygılanma, evden uzak olduğunda eve dönmeye ve ebeveynlerine kavuşmaya aşırı istek duymadır. Ayrılma anksiyetesi tanısı konabilmesi için çocuğun bu belirtilerinin en az iki hafta süreyle bulunması ve on sekiz yaşından önce başlamış olması gereklidir. Çocuklarda ve ergenlerde ayrılma anksiyetesi bozukluğunun görülme sıklığı yüzde 4 dolaylarındadır ve kız ile erkek çocuklarda eşit oranda görülür.

Anasınıfına ya da birinci sınıfa yeni başlayan çocuklarda görülen ve şiddetli olmayan ayrılma anksiyetesi bozukluğu belirtileri normal olarak kabul edilebilir. Ayrıca kaza ya da hastalık gibi stres verici yaşam olaylarından sonra çocuklardaki anne babaya yapışma hali veya ayrılmaya karşılık gerginlik durumu da doğal olarak kabul edilebilir. Ayrılma anksiyetesi bozukluğu tanısı konabilmesi için çocuğun ayrılık karşısında gösterdiği belirtilerin şiddetli olmasının yanı sıra çocuğun ve ailenin yaşantısında belirgin bozulmaya yol açması gereklidir.

Yakın zamanda ailelerinde önemli bir hastalık ya da ölüm olayı yaşanmış olan çocuklar, beklenmedik okul veya ev değişikliği yaşayanlar, ağır bedensel hastalığı olan çocuklar, dikkat eksikliği hiperaktivite bozukluğu ile öğrenme bozukluğu bir arada görülen çocuklar ayrılma anksiyetesi bozukluğu gelişimi için risk altında kabul edilmektedir. Aile bireylerinde panik bozukluk, agorafobi, depresyon ve alkolizm olan çocuklarda da ayrılma anksiyetesi bozukluğu riski yüksektir.

Ayrılma anksiyetesi bozukluğunun gelişiminde klasik bir örnek, anne babadan ya da aile bireylerinden birinin yaşamı tehdit edici bir hastalığı sonucu çocuğun anne babadan ayrı kalmasıyla başlar. Bu ayrı kalma sonucunda çocukta ılımlı huzursuzluk belirtileri ve ebeveynlerinden ayrılmama isteği baş gösterir. Anne baba çocuğun bu stresiyle nasıl baş edeceğini bilemeyerek gerginleşir ve bu gerginlik çocuktaki kaygı belirtilerinde daha da artış olmasına yol açar. Bu kısırdöngü devam ederek çocuğun kaygı belirtilerinin giderek çoğalmasına ve yeni belirtiler eklenmesine yol açar. Çocuğun belirtileri okulu reddine ya da bedensel belirtilere yol açınca aile bu duruma çözüm aramak için bir çocuk hekimi veya çocuk psikiyatristine başvurmak zorunda kalır.

Ayrılma anksiyetesi ve depresyon

Ayrılma anksiyetesi olan çocuklarda normal çocuklardan daha sık olarak depresyon görülmektedir. Her iki bozuklukta da bedensel belirtilerin sık görülmesi, ataklar halinde gidiş göstermeleri ve panik belirtilerinin ortaya çıkması nedeniyle bazen bu iki tanı bir arada görülebilmektedir. Sadece ayrılma anksiyetesi olan çocuklara oranla ayrılma anksiyetesiyle birlikte depresyonu olan çocukların tedavisi daha güçtür. Çocuğun ve ailenin her iki bozukluk konusunda bilgilendirilmesi ilk ve çok önemli bir basamaktır. Anne babaya anksiyetenin aile içerisinde bulaşıcı bir durum olduğu açıkça belirtilmelidir. Böylece anne babada kaygı bozukluğu varsa hemen tedavi olmaları sağlanmalıdır. Ayrılma anksiyetesi belirtilerinin sona ermesindeki kilit nokta, çocuğun kaygılarının yersiz olduğunu anlayabilmesi için ayrılık olayını yaşamasıdır. Bu nedenle çocuğun ayrılma olayını yaşayarak bu kaygıyla baş edebilmesi sağlanmalıdır. Çocuk aşırı bir korku yaşamadan okula düzgün olarak gitmeye ve yalnız başına yatmaya başlayana kadar, ayrılıkla yüzleşme devam ettirilmelidir.

Şiddetli ayrılma anksiyetesi bozukluğu olan çocuklara ayrılıkla karşılaşmadan önce gevşeme egzersizleri yaptırılabilir. Daha sonra çocuk okula düzgün devam etmesi ya da kendi yatağında uyumasından dolayı belirli aralıklarla ödüllendirilir. Depresyon tedavisinde kullanılan SSRI grubu antidepresanlar diğer anksiyete bozukluklarında olduğu gibi ayrılma anksiyetesi bozukluğunun tedavisinde de yararlıdır. Bu nedenle ayrılma anksiyetesi bozukluğuyla birlikte depresyonu olan çocuklarda SSRI grubu antidepresanlar kullanılabilir.

Ayrılma anksiyetesi bozukluğu belirtileri

- Evden ya da bağlandığı başlıca kişilerden ayrıldığında veya böyle bir ayrılık beklendiğinde aşırı sıkıntı duyma.
- Bağlandığı başlıca kişileri yitireceğine ya da onların başına bir iş geleceğine ilişkin sürekli ve aşırı bir kaygı içinde olma.
- Kötü bir olayın, bağlandığı başlıca kişiden ayrılmasına yol açacağını düşünerek sürekli ve aşırı bir kaygı duyma (örneğin kaybolacağı ya da kaçırılacağına ilişkin).
- Ayrılma korkusunda ötürü, sürekli olarak, okula ya da başka bir yere gitmek istememe veya gitmeyi reddetme.
- Tek başına kalma, evde bağlandığı başlıca kişiler olmaksızın kalma ya da kendisi için önemli erişkin insanlar olmadan diğer ortamlarda bulunma konusunda isteksizlik gösterme veya bu konuda sürekli ve aşırı bir korku duyma.

• Bağlandığı başlıca kişi yakınında olmadan ya da evin dışında uyuma konusunda sürekli bir isteksizlik gösterme veya uyumayı reddetme.

• Ayrılma konusunda sürekli kâbus görme.

• Bağlandığı başlıca kişilerden ayrıldığında ya da böyle bir ayrılık beklendiğinde yineleyici bir biçimde bedensel yakınmalarda bulunma.

Depresyon ve kaygı bir arada

Ayşe çok sessiz ve yaşına göre çok daha çocuksu davranan on üç yaşında bir kız çocuğu. Anne baba Ayşe'nin şu anda üç yaşında olan kardeşi doğduktan sonra çok değiştiğini anlatıyor. Evde çok hırçın ve söz dinlemez olan Ayşe dışarıda âdeta gölgesinden korkan birisi gibi davranıyormuş. Nereye gidilirse gidilsin annenin dizinin dibinden ayrılmak istemiyormuş. Okulda sadece bir arkadaşı varmış ve diğer çocuklarla neredeyse hiç ilişki kuramıyormuş. Sınıfın hareketli erkek çocuklarının hedef tahtası gibi olmuş. Sürekli olarak Ayşe'yle alay ediyor, ağlatana kadar onunla uğraşıyorlarmış. Baştan beri iyi olmayan dersleri son iki üç yıldır hepten kötüleşmiş. Zaten evde Ayşe'ye ders yaptırmak neredeyse olanaksızmış. Sürekli olarak televizyon izlemek istiyor, fırsat buldukça da kardeşini bağırtıyormuş. Özellikle son bir yıldır artan deprem korkusu nedeniyle evde her gün tedirginlik yaşanıyormuş.

Anne baba bu sıkıntıları anlatırken en çok üzüldükleri şeyin ne yaparlarsa yapsınlar kızlarını mutlu edememek olduğunu belirtiyorlardı. Oldukça huzurlu bir aile ve çok iyi sayılabilecek bir ekonomik durumları olmasına karşın Ayşe'nin huzursuzluğu ve mutsuzluğu anne babayı çok üzüyordu.

Yaptığımız değerlendirmeler sonucunda Ayşe'nin yaygın kaygılarıyla birlikte son iki üç yıldır depresyonda olduğunu belirledik. İlaç tedavisine başlayıp ayda bir görüşmelere çağırdık. Başka bir şehirde oturdukları için Ayşe'nin daha sık görüşmelere gelmesi olanaklı olmadığından okulun rehber öğretmeniyle haftada bir görüşmesini ve düzenli olarak bir spor etkinliğine devam etmesini önerdik. Tedaviden oldukça yarar gören Ayşe'nin iyileştikten sonraki cümle tamamlama testinde şu cümleler yer alıyordu:

Eskiden ben..... *biraz mutsuzdum ama şimdi mutluyum.*
Kurtulmak istediğim korku..... *depremdi. Şimdi azaldı.*
Hiç olmazsa ben..... *iyi biriyim. Herkesi seviyorum.*

Fobiler

Çocukluk döneminde korkulara oldukça sık olarak rastlanır. Eğer bir korku çocukta korkulan nesne ya da durumdan kaçınma davranışına yol açıyor ve bunun sonucunda çocuğun yaşamını bozuyorsa "fobi" tanısı konabilir. Fobilerin temel özelliği belirli nesne ya da durumlardan belirgin ve sürekli bir korku duymadır. Bu korku çocuk tarafından da mantıksız ya da aşırı olarak algılanır. Eğer çocukta anksiyeteye neden olan durum bir toplulukta konuşma gibi sosyal ortamlarsa buna "sosyal fobi" denir.

Sık olarak görülen bazı korkular ve psikiyatrideki adları şöyledir:

Korku duyulan nesne ya da durum	**Verilen ad**
hayvanlar	zoofobi
yükseklik	akrofobi
kapalı yer	klostrofobi
örümcek	araknofobi

Çocuk ve ergenlerin yaklaşık olarak yüzde 3-5'inde fobi görülmektedir. Psikoanalitik görüşe göre, baş edilemeyen korkuların başka nesneler üzerine aktarılması fobileri oluşturur. Ayrıca araştırmalar ailelerde fobinin tipine göre bir yığılma olabileceğini düşündürmektedir (hayvan tipi özgül fobileri olan kişilerin birinci derece akrabalarında, aynı hayvan olması gerekmese de daha çok hayvan fobileri görülmektedir). Özellikle kan ve yaralanma korkuları için güçlü ailesel yatkınlık vardır.

Fobiler genellikle geçici olmakla birlikte topluluk önünde konuşamama gibi sosyal durumlarda aşırı kaygılı olma durumu olan sosyal fobi süreğen olma eğilimindedir ve alevlenmelerle gider. Sosyal fobi çocuğun performansını tam olarak engellememekle birlikte sosyal ve okul yaşamında çeşitli sınırlanmalara yol açabilir. Çok şiddetli durumlarda okuldan ayrılmaya kadar varabilir. Sözlüye kalkamama ya da grup etkinliklerine katılamama gibi sosyal fobi belirtileri çocuğun depresyona girmesine yol açabilir. Diğer yandan çocuktaki depresyon çocukta geçmişte olan fobilerin tekrarlamasına neden olabilir.

Depresyonu olan çocuk ve gençler yalnız kalmaya, başkalarıyla görüşmemeye eğilim gösterirler. Bu çocuklar ile gençlerde depresyonun yanında evden çıkma fobileri ve ayrılma anksiyetesi de yerleşirse, gerekli tedavi uygulanmadığı takdirde çok olumsuz sonuçlarla karşılaşılabilir. Depresyonla birlikte bu tür yoğun anksiyetenin mevcut olduğu çocuk ve ergenlerin tedavisinde psikolojik, ailesel ve okula yönelik girişimlerin yanında bir ya da daha fazla ilaç kullanımı gerekebilir.

Dikkat eksikliği hiperaktivite bozukluğu olan çocuklarda depresyon

Dikkat eksikliği hiperaktivite bozukluğu nedir?

Dikkat eksikliği hiperaktivite bozukluğu (DEHB) aşırı hareketlilik, dikkat sorunları ve istekleri erteleyememe (dürtüsellik) belirtileriyle giden bir psikiyatrik bozukluktur. Bir çocukta, gençte ya da erişkinde DEHB var denebilmesi için bu belirtilerin yedi yaşından önceden beri bulunması, normal bir kişide olandan çok daha şiddetli düzeyde görülmesi gereklidir. Yani aşırı hareketlilik, dikkat dağınıklığı ve isteklerini erteleyememe belirtileri kişinin günlük yaşamını etkileyecek boyutta olmalıdır. Örneğin, beş yaşındaki bir çocuğun erişkinlerden daha hareketli olması ve dikkatinin çok daha çabuk dağılması normaldir. Ancak bu hareketlilik ve dikkat dağınıklığı akranlarıyla karşılaştırıldığında çok fazlaysa; oyun oynamasına, akranlarıyla sağlıklı ilişki kurmasına engel oluyorsa DEHB'den söz edilir. Konuya biraz daha açıklık getirelim. Çocuğuna karşı ilgili, onu çok seven bir anne çocuğuna hemen her gün bağırıp azarlamak zorunda kalıyor hatta çocuğunu itip kakarak dövmek zorunda kalıyorsa; çocuğun hareketliliği ya da söz dinlememesi nedeniyle yakınlarının evine gidemiyor, eve misafir kabul etmekte çok zorlanıyorsa; markette, pazarda çocuğuyla olmaktan yoruluyorsa bu durum geçiştirilmemeli, mutlaka araştırılmalıdır.

Aileler çocuk psikiyatristlerine başvurduğunda DEHB olan ve özellikle aşırı hareketlilik belirtileri ön plana çıkan çocuklarını "düz duvara tırmanır", "onu bir yerde zapt etmek olanaksız", "ele avuca sığmaz", "misafirliğe gittiğimizde ev sahibi neredeyse kalkın gidin diyecek" gibi sözlerle anlatırlar.

Çocukların dikkat sorunları genellikle okul yıllarına kadar fark edilmez ya da göz ardı edilir. Bir çocuğun dikkatinin erişkinlerden daha az olması çok doğaldır. Sekiz yaşında bir çocuğun oturup saatlerce ödev yapması ya da bir konferansı dinlemesi beklenemez. Ancak kış günlerinde bile paltosunu unutan, dersin başından beş dakikada bir kalkan, sorulan soru bitmeden yanıt vermeye çalışan, ders başında ya da sınıfta sürekli dalan bir çocukta dikkat eksikliğinden kuşku duyulmalıdır. Dikkat eksikliği bozukluğu olan çocukların anne babalarının en önemli sorunu çocuklarının ilgi duydukları alanlardaki algılamaları ile dersleri arasında çok önemli farklılıklar olmasıdır. Örneğin futboldan hoşlanan bir çocuk tuttuğu takımın oyuncularını çok iyi bilirken, kısa bir okuma parçasını saatlerce okuyamaz. Benzer biçimde dikkat eksikliği olan bir kız çocuğu, sevdiği şarkıcının şarkılarını ezbere bilen bir çocuk çarpım tablosunu öğrenmede sorun yaşayabilir.

Dikkat sorunlarını öğretmenler ve aileler genellikle şu sözlerle ifade ederler:

"Sanki aklı hep başka yerlerde", "aşırı dalgın", "derste sanki başka yerde", "hayal dünyasına dalıp gidiyor", "kendisine bir şey söylendiğinde sanki dinlemiyormuş gibi görünüyor", "çok sakar", "onun kaybettiği okul eşyalarıyla üç çocuk okurdu", "çok unutkan", "beş dakikalık işi üç saatte yapıyor", "onu derse oturtana kadar göbeğimiz çatlıyor", "televizyonun karşısında saatlerce oturuyor ama dersin başına oturunca beş dakikada bir su içiyor ya da çişe kalkıyor."

DEHB ve depresyon

DEHB olan çocuklar birçok sorun ve çatışmayla karşılaştıklarından depresyon ve kaygı bozukluklarına eğilimlidirler. Kendi kapasitelerinin altında okul başarısı olan, yaramaz ya da tembel denilerek damgalanan ve hep engellenmeyle karşılaşan bu çocukların özdeğerliliklerinde düşme olması, kendilerini huzursuz ve stresli hissetmeleri doğaldır. Ayrıca kalıtımsal ve biyolojik nedenlerle de DEHB, depresyon ve kaygı bozukluklarının sık olarak bir arada görülebildiği düşünülmektedir.

Çoğu zaman anne babalar ve öğretmenler DEHB olan çocuğun davranış sorunlarıyla uğraşmaktan ondaki depresif (çökkün) ya da kaygılı (anksiyete) durumun farkına varamazlar. Bazen DEHB şiddetli olmayan ve sadece dikkat eksikliği bulunan çocuklarda bu belirtiler anlaşılmaz, depresyon ya da kaygı bozukluğu nedeniyle çocuk psikiyatristine geldiklerinde DEHB olduklarının farkına varılır. Bazen de tam tersi bir durum gerçekleşir. Depresyonda olan çocuktaki sinirlilik, huzursuzluk, yerinde duramama ya da derse dikkatini verememe gibi belirtiler çocukta DEHB olduğunu düşündürebilir. Ancak daha önceki yıllarda bu belirtilerin bulunmaması o çocukta depresyon olduğunu ortaya koyar. Çünkü bir kişinin DEHB olabilmesi için yedi yaşından önce DEHB belirtilerinin bir kısmını taşıması gerekir.

DEHB olan çocukların neredeyse dörtte birinde depresyona rastlanmaktadır. DEHB olan çocuk ya da ergen depresyona girmeden önce de zor bir çocukken, DEHB belirtilerine depresyonun belirtileri de eklenince anne babalar için çok daha fazla sorun çıkarır hale gelirler.

Anne babalar bu durumu şöyle anlatırlar:

Örneğin DEHB olan on dört yaşındaki bir kız çocuğunun anne babası, "Ece hep zor bir çocuktu. Hep bizi peşinden koştururdu, hiç durmazdı. Ama son altı aydır dayanılmaz oldu. Eskiden tatlı yaramaz, ders çalışmayan dikkatsiz bir çocuktu, şimdi ise huzursuzluğu, sinirliliği, hiçbir şeyden memnun olmaması, sürekli bağırması bizi çaresiz bıraktı. Geçer deyip bekledikçe o bizi daha da fazla üzmeye başladı. Karı koca evde tutsak gibiyiz. Ne söylesek tepki gösteriyor. Ece'nin eski halini arar olduk" diye yakınmaktadır.

Bu kısa notta adı geçen Ece daha önce DEHB olan şimdi ise DEHB'ye ek olarak depresyon belirtileri gösteren bir çocuk.

Örneğin daha önce sadece dikkat eksikliği bozukluğu olan, on iki yaşında ve durgun yapıdaki bir kız çocuğunun anne babası, "Okula başlayana kadar Damla'yla bizim hiç sorunumuz olmazdı. Her gören ne iyi bir çocuğunuz var 'çok uslu' derdi. Okula başladıktan sonra da biraz ders sorunları dışında hiçbir sorunu yoktu. Öğretmeni onu çok severdi. 'Sınıfın en uslu kızı, çok terbiyeli ama biraz daha dersi dinlese çok iyi olur' derdi. Bu yıl orta ikiye gidiyor. Son iki üç aydır çok değişti. Evde sık sık bize karşı geliyor, her zaman sıkılıyor, ödevim yok diye yalan söyleyip hiç çalışmıyor, arkadaşlarıyla küsmeye başladı. Artık arkadaşları da onu aralarına almıyor. Ama en çok sorun evde. Eskiden kardeşiyle iyi geçinirlerdi. Ama şimdi kardeşi evde kaçacak delik arıyor. Onu da bunalttı" diyerek dertlerini dile getirmektedir.

Damla daha önce sadece dikkat eksikliği bozukluğu olup, hiperaktivitesi hiç olmayan hatta durgun olan bir çocuk. Eskiden tek sorunu dikkatsizlikken, depresyona girmesiyle eski uyumlu yapısının yerini huzursuzluk ve iletişim sorunları almış.

Küçük yaşlardan beri DEHB olan çocuklarda, önceki sorunların değişmesi ve şiddetlenmesiyle anlaşılabilen depresyonun olumsuz sonuçlar doğurmaması için vakit kaybedilmeden tedavi edilmesi gereklidir. DEHB'ye eşlik eden depresyonu olan çocuklar sadece bu bozukluklardan birisini taşıyanlara göre daha yakından izlenmelidir. Bu çocukların daha sık psikiyatrik görüşmelere alınması, anne baba ve öğretmenleriyle ilişki kurularak depresyon ve DEHB'nin tedavisine katılmaları sağlanmalıdır. DEHB'yle birlikte görülen depresyonun ilaçla tedavisinde, sadece depresyonu olan çocukların tedavisinde uygulanan ilaçlar kullanılmaktadır. Bazı çocuk psikiyatristleri önce depresyonu tedavi edip sonra zaten yıllardır var olan DEHB'yi tedavi eder. Bazı çocuk psikiyatristleri ise her iki bozukluğun tedavisine bir arada başlamayı tercih ederler. Her iki yaklaşım da doğrudur. Çok belirgin DEHB belirtileri olan çocuklarda ise, depresyon tedavisiyle aynı anda DEHB tedavisine başlamak gereklidir. Depresyon tedavisinde kullanılan ilaçların etki gösterebilmesi için en azından iki üç haftalık bir süre geçmesi gerektiğinden, bu dönem içerisinde DEHB belirtilerinin çocukta oluşturabileceği olumsuz etkilerin ortadan kaldırılması son derece yararlıdır.

Ali

Ali on beş yaşında orta üçüncü sınıf öğrencisi. Kendisi psikiyatriye gelmek istemediği halde ailenin ve okul yönetiminin ısrarıyla Dr. Ercan'a başvuruda bulundu. Kendisi ilk görüşmeler sırasında iletişime girmekten kaçınıyordu. Anne babadan alınan bilgilere göre Ali, doğduğundan beri çok zor bir çocukmuş, üç dört yaşlarından sonra evde kontrol edilmesi olanaksız hale gelmiş. Devamlı hareket halinde, sık sık düşüp yaralanan, evde ve misafirlikte eşyalara zarar veren, hiç söz dinlemez bir çocuk olan Ali'nin bu sorunları nedeniyle aile birçok kreş değiştirmek zorunda kalmış. İlkokulda da bu sorunları devam eden Ali'nin yaramazlığı ünlü olmasına karşın sınıfın başarılı öğrencilerinden biri olduğu belirtiliyor. Ancak ortaokuldan sonra okul başarısı giderek düşüş göstermiş ve davranış sorunları daha da belirgin hale gelmiş.

Öğretmenler tarafından devamlı azarlanan, arkadaşları tarafından dışlanan ve ailesi tarafından uyumlu olan kız kardeşiyle kıyaslanarak ağır bir biçimde eleştirilen Ali'de son zamanlarda önemli değişiklikler gözlenmeye başlanmış. Okulda derslerden kaçma, ödev yapmama, çok konuşma, dersi dinlememe ve öğretmenlere karşı gelme gibi davranış sorunlarına depresif belirtiler eklenmiş. Ali eskiye göre daha sinirli, hafta sonları evde oturmayı tercih eden, arabesk müzik dinleyen ve "ben bir işe yaramam", "benim kafam çalışmıyor", "kimse beni sevmez" gibi kendisine saygısında azalma olduğunu ortaya koyan sözler söyleyen birisi olmuş. Görüşmeler ilerledikçe Ali de Dr. Ercan'la işbirliğine girdi; kendisinin yaşamdan keyif almayan ve karamsar bir durumda olduğu anlaşıldı. Yani Ali uzun yıllar DEHB ve "karşıt olma-karşı gelme bozukluğu" olan bir çocukken, giderek hem kendisine saygısının azalması hem de diğer çevresel ve biyolojik etkenler nedeniyle depresyona girmişti. Ali ilaç tedavisinin yanı sıra haftada bir bireysel görüşmelere çağrıldı. Ayrıca okuluyla ve ailesiyle görüşmeler düzenli olarak sürdürüldü. Dört beş aylık bir tedavi programının sonunda Ali, ailesi ve öğretmenleri, Ali'de çok olumlu değişmeler gözlemlemeye başladı. Ali şu anda ilaç tedavisine ve ayda bir bireysel görüşmelere devam ediyor. Çok daha mutlu ve başarılı.

Direkten dönen bir yaşam: Pırıl

Dr. Ercan'da yer eden bir terapi öyküsü

Bir kış akşamı saat sekiz sıralarıydı. Görüşme yaptığım çocuk ile anne babasını uğurlarken, kapının önünde oturan aile bana bir randevumun daha olduğunu anımsattı. Masama dönüp randevu defterime baktım: 20.00; Pırıl ..... Demek dışarıda oturan ve ilk kez tanışacağım kızın adı Pırıl'dı. Onu odaya çağırmak için tekrar kapıya döndüğümde adıyla uyumlu, minyon yapılı, çok sevimli görünen kızın ve anne babasının ayrı ayrı oturduklarını gördüm. Bir ailenin üç bireyinin üçünün de birbirinden uzak oturması ilginç bir durumdu. Dikkatli bakınca Pırıl'ın yüzünde suç işlemiş çocuk ifadesi, babasının yüzünde çok belirgin sabırsızlık ve sinirlilik, annesinin yüzünde ise mutsuzluk ve çaresizlik ifadeleri görünüyordu. Bu ifadeler o kadar belirgindi ki "anlamak için âlim olmaya" gerek yoktu.

Pırıl'ı odaya davet edip konuşmaya başladığımızda on beş yaşında olduğunu öğrendim. Hemen ailesinden şikâyet etmeye başladı. Babasının her gün okul çıkışına gelip onu aldığını, ona göz açtırmadıklarını ve yaşamaktan bıktığını anlattı. Zaten okulda da işler berbat gidiyordu. Sigara içmek, okuldan kaçmak ve kopya çekmekten sayısız defalar disipline gitmişti. Bir yandan da dersler. Notlarının neredeyse hepsi 1'di ve hiç umut yoktu. "Okusam bile anlamıyorum, ne yapayım" diyordu. Hele okuldaki dedikodulardan inanılmaz derecede şikâyetçiydi. Adını "hafif kıza" çıkaran arkadaşları "Sen serseri çocuklarla çıkıyorsun" diyerek Pırıl'ı dışlamışlardı. Gözünde tikleri olduğu için arkadaşları ona ad da takmışlardı: "Selektör". Okulun rehber öğretmeninin çabaları da arkadaşlarıyla ilişkilerini düzeltmesine yetmiyordu. Rehber öğretmenin aileye öneride bulunmasıyla hastaneye başvurmaya karar vermişler. Tabii kendisi çocuk psikiyatrisi kliniğine gitmeye karşı çıkmış, "ben deli değilim" demiş. "Asıl annemle babamın psikiyatriye gitmesi lazım. Önce de o deli babamın. Beni bazen sokak ortasında arkadaşlarımın yanında dövüyor. Psikopat ruhlu herif. Ondan nefret ediyorum" diyordu.

Pırıl'ın annesine ilişkin duyguları da çok iyi sayılmazdı. Annesinin geri kafalı ve hiçbir şeyden anlamayan biri olduğunu, onu tek anlayanın en yakın arkadaşı Melek olduğunu belirtiyordu. Tabii kendisi "en yakın arkadaşım" değil argo karşılığını yani "kankim" sözünü tercih ediyordu. Konuşması da sürekli argo sözcüklerle doluydu. Pırıl'a kendisinde düzelmesini istediği bir şey olup olmadığını sordum. Önce düşünüp sonra sinirliliğinin, tiklerinin, uykusuzluğunun ve mutsuzluğunun düzelmesini istediğini söyledi. Bunların düzelmesi için kendisine ilaç versem ve haftada bir gün görüşmeye çağırsam gelip gelmeyeceğini sordum. "İşe yarayacaksa olur" dedi. Ben de durumun düzeleceğinden umutlu olduğumu ve en azından bu sorunlarının eskisinden çok daha fazla azalacağını söyledim.

Daha sonra anne baba içeri geldiklerinde o kadar doluydular ki sürekli anlatıyorlardı. Durum gerçekten hiç hoş değildi. Küçüklüğünden beri aşırı hareketli bir çocuk olan Pırıl'ı büyütmek çok güç olmuş. Bir yıl öncesine kadar Pırıl'ın ders çalışmaması, hareketliliği, dürtüselliği ve kardeşiyle geçimsizliği sorun oluyormuş. Ama son bir yıldır Pırıl'ın sorunları dayanılmaz boyutlara ulaşmış. Okul başarısızlığı, disipline gitme, sigara ve evde huzursuzluk çıkarma gibi Pırıl'ın söylediği konuları tekrarladıktan sonra en önemli konuya geldiler.

Pırıl "Motorlu Cengiz" denen, kendisinden dokuz yaş büyük birisiyle flört ediyordu. Mahallede serseriliğiyle tanınan bu kişi, sayısız kereler başı yasalarla derde girmiş, sürekli okul önlerine takılıp güzel kız çocuklarını önce sigaraya daha sonra uyuşturucuya alıştırdığı hatta onları randevuevlerine pazarladığı söylenen birisiydi. Babası Pırıl'ı sokakta bu çocukla konuşurken görmüş, sayısız uyarılar yapmasına karşın Pırıl bu kişi ve bu kişinin grup arkadaşlarıyla görüşmeye, sık sık onların motorlarına binmeye devam etmiş. Bu yüzden babası bir iki kez sokakta Pırıl'ı dövmüş.

Baba yaptığının doğru olmadığını ama çaresiz kaldığını belirtiyordu. Anne de baba ile kızın arasında kalmıştı. Pırıl ona her gün bağırıyor, hakaret ediyordu ama o, yine de, Pırıl'ı dövmesin diye onun bazı yaptıklarını gizlemeye çalışıyordu. Baba bunu anlayınca "Bu kızı sen bu hale getirdin" diyerek ona yükleniyordu. Kısacası Pırıl'ın durumu evi de yaşanılmaz hale getirmişti.

Rehber öğretmenle yapılan telefon görüşmesi, okuldaki diğer öğretmenlerin, Pırıl'ın ve anne babasının doldurduğu çeşitli formlar Pırıl'ın tedavi edilmemiş DEHB olan bir genç kız olduğunu ve bir yıldan beri de ağır bir depresyon geçirdiğini gösteriyordu.

Etkin bir ilaç tedavisine başlandı. Ayrıca Pırıl ve ailesiyle haftada bir görüşmeler yapıldı. Annenin depresyonu için bir erişkin psikiyatristiyle görüşmesi önerildi. Birinci ayın sonunda Pırıl'ın sinirliliğinde azalma olmaya başladı. Artık Motorlu Cengiz ve grubuyla sık görüşmüyordu ama bu grupla ilişkisini sürdüren Melek hâlâ en yakın arkadaşıydı. Tikleri azalmıştı ama sigara içme ve arkadaşlarıyla geçinememe sorunları devam ediyordu. Dersler konusunda da hiçbir ilerleme yoktu. Üç ay sonra Pırıl'ın depresyonu, tikleri ve ağır davranış sorunları azalmıştı ama derslerde hiçbir kıpırdama görülmüyordu. Pırıl iyiye gidiyor ama yalan söylemeleri, evdekilerden gizli yaptığı telefon konuşmaları sürdüğünden ailesi ona güvenemiyordu. Pırıl o yıl sınıfta kaldı. Yaz tatilinde hiç davranış sorunu olmadı ve Melek'le de ilişkisini iyice azaltmıştı. Bazen annesine yardım ettiği bile oluyordu. Artık ayda bir görüşmeler yetiyordu ve ailesinin kriz anlarında bana ettiği telefonlar kesilmişti.

Yaz ortalarında ailesine Pırıl'ı bir spor etkinliğine yazdırmalarını istedim. Pırıl ve ailesi tekvandoyu tercih ettiler. Spora başladıktan sonra Pırıl biraz daha iyi olmuştu. Bir sonraki eğitim yılında lise birinci sınıfı tekrar etmeye başladı. Artık derslerin bazılarından 3-4 bazılarından 1 alıyordu. Geçmiş yıllardan kalma bilgi eksikliğinin giderilmesi için zayıf olduğu derslerden iyi bir yardım almasını önerdim. Pırıl o yılın sonunda sınıfını geçti ve neredeyse hiç sorunsuz bir yıl yaşadık. Pırıl bu yıl lise ikiye gidiyor. İki ayda bir görüşüyoruz ve bir gün sözü geçtiğinde "Eskiden ne kadar aptalmışım, nasıl o hataları yapmışım" dedi. Pırıl ve ailesini uğurlarken ben de Pırıl'la tanıştığımız ilk günü anımsadım. Artık üçü birden yan yana yürüyordu...

Davranım bozukluğu olan çocuklarda depresyon

Davranım bozukluğu

Davranım bozukluğunun (DB) temel özelliği başkalarının temel haklarının ve toplumsal kuralların sürekli ve tekrarlayıcı bir biçimde saldırıya uğratılmasıdır. DB'nin belirtileri aşağıdaki tabloda verilmiştir. Tabloda görülebileceği gibi DB olanlarda insanlara ve hayvanlara yönelik saldırgan davranışlar, güvenliği tehdit, hırsızlık ve kuralların ciddi biçimde ihlal edilmesi gibi davranış bozuklukları vardır. DB oldukça sık görülen bir bozukluk olup, erkeklerde yüzde 6, kızlarda yüzde 2 oranında görülmektedir. Birçok psikiyatrik bozuklukta olduğu gibi davranım bozukluğunun ortaya çıkışında da kalıtımın önemli bir yeri vardır. Kalıtımsal yatkınlığı olan çocukların olumsuz bir biçimde yetiştirilmesi DB'yle sonuçlanır. Anne babanın ilgisizliği, ev ortamının huzursuzluğu, çocuğun büyütülmesi sırasında aşırı cezalandırılması ya da hiçbir engellenmeyle karşılaşmaması çocukların DB olmasında rolü olan etkenlerdir.

Davranım bozukluğu olan çocuk ve ergenlerde depresyon

Davranım bozukluğu olan çocuklar ya da ergenler kavga dövüş çıkarmak, başkalarının malına zarar vermek, yalan söylemek veya çalmak gibi ağır davranış sorunları gösterirler. Anne babalarını, arkadaşlarını, öğretmenlerini, komşularını son derece kızdıran çocuk ve ergenlerin depresyona gireceklerine pek ihtimal verilmez. Çevre tarafından sadece kendisini düşünen ve vurdumduymaz olarak bilinen bu ergenlerde gerçekte çok sık olarak depresyon bulunmaktadır. Davranım bozukluğu bir hastalıktır ve çocuk elinde olmadan yaptığı olumsuz davranışlardan dolayı pişmanlık duymakta ve kendini suçlamakta ama kısa bir süre sonra bu davranışlarını tekrar etmektedir. Bu kısırdöngü içinde olan çocuk ve ergenler giderek benlik saygısını yitirmekte ve depresyona girebilmektedirler.

Sadece DB'nin tedavisi bile çok zorken depresyonun eklenmesi durumunda tedavi daha da zorlaşmaktadır. Davranım bozukluğuyla birlikte depresyonu olan çocuk ve ergenlerin tedavisinde çok yönlü bir tedavinin uygulanması gerekir. Çocuk ve ergenle birlikte sorunlu davranışlarda etkisi olan çevrenin (aile, okul, toplum) hedef alındığı mültisistemik terapiyle etkin sonuçlar elde edilebilmektedir. Tedavide davranım bozukluğu ve depresyona yönelik ilaç tedavisinin başlanması önemli bir yer tutar. Davranışçı ve bilişsel tedavilerle DB ve depresyonu olan çocukların iletişim yetileri, sorun çözme yetisi, dürtü kontrolü, öfke kontrolü gibi bilişsel alanlardaki bozukluklarının düzeltilmesi amaçlanır. Anne baba eğitim grupları yardımıyla da anne babanın çocuğun davranış bozukluklarıyla ve depresyonuyla baş etmeleri, bunları ortadan kaldırmaları konusunda çalışılır. Böylece anne babanın çocuğun istenmeyen davranışlarına yol açan tutumlarını fark etmeleri ve bunları nasıl değiştirebileceklerini anlamaları sağlanır.

Davranım bozukluğu belirtileri
İnsanlara ve hayvanlara karşı gösterilen saldırganlık • Çoğu zaman başkalarına kabadayılık etmiş, gözdağı vermiş ya da göz korkutmuştur. • Çoğu zaman kavga dövüş çıkarmıştır. • Başkalarının ciddi bir biçimde fiziksel olarak yaralanmasına neden olacak bir silah kullanmıştır (örneğin bir değnek, taş, kırık şişe, bıçak, tabanca). • İnsanlara karşı fiziksel olarak acımasız davranmıştır. • Hayvanlara karşı fiziksel olarak acımasız davranmıştır. • Başkasının gözü önünde çalmıştır (örneğin saldırıp soyma, çanta kapıp kaçma, göz korkutup alma, silahlı soygun). • Birisini cinsel etkinlikte bulunması için zorlamıştır.
Eşyalara zarar verme • Ciddi hasar vermek amacıyla isteyerek yangın çıkarmıştır. • İsteyerek başkalarının malına mülküne zarar vermiştir (yangın çıkarma dışında).
Dolandırıcılık ya da hırsızlık • Bir başkasının evine, binasına ya da arabasına zorla girmiştir. • Bir şey elde etmek, bir çıkar sağlamak ya da yükümlülüklerinden kaçınmak için çoğu zaman yalan söylemiştir (yani başkalarını atlatmıştır). • Hiç kimse görmeden değerli şeyler çalmıştır (örneğin kırmadan ve içeri girmeden mağazalardan mal çalma; sahtekârlık).
Kuralları ciddi bir biçimde bozma (ihlal etme) • On üç yaşından önce başlayarak, ailenin yasaklarına karşın çoğu zaman geceyi dışarıda geçirmiştir. • Anne babasının ya da onların yerini tutan kişilerin evinde yaşarken en az iki kez geceleyin evden kaçmıştır (ya da uzun süre geri dönmemişse bir kez). • On üç yaşından önce başlayarak çoğu zaman okuldan kaçmıştır.

Öğrenme bozukluğu olan çocuklarda depresyon

Öğrenme bozukluğu

Amerikan Psikiyatri Birliği'nin tanımına göre öğrenme bozukluğu, bireyin yaşı, zekâ düzeyi ve aldığı eğitim göz önünde bulundurulduğunda, okuma, matematik ve yazılı anlatımının beklenenin önemli ölçüde altında olması durumudur. Öğrenme bozuklukları, 1) okuma bozukluğu, 2) matematik bozukluğu, 3) yazılı anlatım bozukluğu olmak üzere üç gruba ayrılmıştır. Öğrenme bozukluklarının gerçek sıklığı tam olarak bilinmemektedir. Amerika Birleşik Devletleri'nde okul çağı çocuklarının yaklaşık olarak yüzde 5'inin öğrenme bozukluğu olduğu düşünülmektedir. Ancak ülkemizde öğrenme bozukluklarının ne sıklıkta olduğu henüz tam olarak araştırılmamıştır. Öğrenme bozukluğunun meydana gelmesinde kalıtımın önemli bir rolü vardır. Öğrenme bozukluğu olan bireylerde öğrenmeyi sağlayan beyin bölgeleri arasındaki ilişkinin oluşumunda bir sorun vardır. Öğrenme bozuklukları erkeklerde kızlardan üç ila beş kat daha sıklıkta görülmektedir. Öğrenme bozukluğu olan çocukların yüzde 40'ının okulu bırakmak zorunda kaldıkları bilinmektedir.

Öğrenme bozukluğu ve depresyon

Öğrenme bozukluğu olan çocukların çok büyük bir bölümünde depresyon ve başka psikiyatrik bozukluklar da bulunmaktadır. Bu çocukların yaşadıkları başarısızlıklar ve kendilerinde öğrenme bozukluğu olduğu anlaşılamadığından çevre tarafından eleştirilmeleri onların mutsuz ya da gergin olmasına yol açabilmektedir. Öğrenme bozukluğunun neden olduğu akademik başarısızlıklar ve bu çocukların oyunlarda da yeterince başarılı olmalarını engelleyen el-göz, el-ayak koordinasyonu gibi alanlarda güçlükler yaşamaları akran ilişkilerinde sorunlara neden olmaktadır. Öğrenme bozukluğu olan çocuklar sosyal iletişim becerilerinde eksiklikler yaşamaktadırlar. Bu çocuklar karşısındaki arkadaşının yüz ifadesi, ses tonu ve beden dilini algılayıp uygun davranışları gösteremediklerinden arkadaşları tarafından pek istenmeyebilirler. Bütün bu sorunlar öğrenme bozukluğu olan çocukların kendilerine saygılarının azalmasına ve depresyona girmelerine neden olabilir.

Bir gencin gözünden depresyon

Beni kimse anlamıyor

On beş yaşıma geldim ama hâlâ beni çocuk sanıyorlar. Annemin, babamın bana karışmasından nefret ediyorum. Sürekli içim sıkılıyor ama onların buna aldırış ettiği yok. Varsa yoksa ders çalış, aman geç gelme. Arkadaşlarıma bile karışıyorlar. Ne var Seda'da anlamıyorum. Sürekli olarak, o kız sana uygun bir arkadaş değil, ailesi bizden farklı, dersleri çok kötü, sigara içiyor, erkeklerle çok sıkı fıkı deyip duruyorlar. Oysa o benim en iyi arkadaşım. Beni en iyi o anlıyor. Onla beraberken içimin sıkıntısı azalıyor.

Zaten sınıftaki kızlar iğrenç. Hepsi kendini beğenmiş tipler, onlar beni istemiyor, ben de onlara bayılmıyorum zaten. Eve girdim mi hafakanlar basıyor. Sadece odamda kendimi iyi hissediyorum. Bir de rahat bıraksalar... İkide bir kapıyı açıp "Dersin yok mu senin" demelerinden, "Kızım geç oldu, kıs o müziğin sesini, ne anlıyorsun bu dambur dumbur müziği sonuna kadar açıp dinlemekten?" diye uyarmalarından bıktım. İstemiyorum onlarla olmayı ya.

Notlarımın düştüğünü ben de biliyorum. Ama ne yapayım, hiç içimden gelmiyor ders çalışmak. Dersin başına oturunca boğulacak gibi oluyorum. En çok, sinirli olduğuma bozuluyorum. En ufak şeye patlıyorum. Ama annem de damarıma basıyor. Sürekli benle konuşmaya, nasihat etmeye çalışıyor. "Bak kızım, baban ne zorluklarla seni okutuyor. Senden hiçbir şey istemiyoruz, sadece biraz derslerinle ilgilen. Bak notlarının hepsi düştü. Biz eskiden bir pantolonu bir yıl giyerdik, senin dolabında ise giysi koyacak yer kalmadı ama hâlâ mutsuzsun" sözlerini duymaktan iğreniyorum. Zaten artık kendime güvenim de kalmadı. Hiçbir şeyi başaramıyorum. Gitara başladım ama derse gitmek hiç içimden gelmiyor.

Geçen gün babam sigara içtiğimi anladığında neredeyse dövecekti. Allahtan annem araya girdi de kurtuldum. Sürekli ağlamaya başladım ya. Sulu göz oldum çıktım. Bir de şu sabahları kalkmak yok mu?.. Gece erken yatmak nefret bi şey. Sabah da kalkmak. Zaten erken yatsam da uyuyamıyorum. Şimdi bir de psikiyatriste götürme hikâyesi çıkardılar. Asıl onlar deli, ben niye gidicem? Geri kafalı annemle sinir küpü babamın tedaviye ihtiyacı var. Zaten gideceğim psikiyatrist bana ne yapabilir? Mutsuzum işte. O konuşunca mı ben düzelicem? Bazen artık yaşamaktan bıktığımı düşünüyorum. Bunu psikiyatrist nereden anlayacak?..

Deniz, Dr. Ercan'a ilk geldiğinde kendini böyle hissediyordu. Böyle olması da çok doğal. Çünkü o henüz on beş yaşındaydı ve ilk kez depresyona giriyordu. İçindeki sıkıntının aslında kendi elinde olmayan bir hastalık olduğunu bilemezdi. Zaten depresyon öyle bir hastalıktır ki "umutsuzluk" en önemli belirtilerindendir. Bu nedenle Deniz de düzelemeyeceğini, hele bu psikiyatrist takımının kendisine hiç yararı olamayacağını ve annesi-babası gibi ona nasihat edileceğini düşünüyordu. Oysa onunla tanıştığımızdaki sinirli hali beş on dakikada gitti. Çünkü onu eleştirmek yerine içinde bulunduğu sıkıntılı, mutsuz durumu anlamasına rehberlik ediyordum. Görüşme ilerledikçe depresyonun bir hastalık olduğunu kendi kendine anlamıştı. "Bundan sonra ne olacak?" sorusunun yanıtı ise netti: Her beş genç kızdan birisi depresyona girer ve tedaviyle çok kısa zamanda iyileşir. İlacını alacak ve bir iki ay süreyle haftada bir, daha sonra ayda bir görüşmelere gelecekti. Bir ay sonra Deniz şöyle dedi:

"Biliyor musunuz, o gün düzeleceğime inanamamıştım. Hayret bi şey ya, artık ders bile çalışıyorum ve evdekilerle kavgalar neredeyse bitti."

Onunla ilk görüştüğümüzden sekiz ay sonra artık ilaç kullanmasına ve görüşmelere gelmesine gerek olmadığını söyledim.

"Bence de" dedi ve ekledi:

"Arada arayıp nasılsınız diye sorarım. Ama bu dönemden çok şey öğrendim. Bir darbe eğer öldürmüyorsa güçlendirir."

Tuttuğu takımın teknik direktörü Fatih Terim'in sözü olan "Bir darbe eğer öldürmüyorsa güçlendirir" sözünün kendisinin depresyonu başarıyla atlatmasına benzediğini söyledi.

Çocuk ve ergenlerde depresyonu belirlemede kullanılan ölçekler

Çocuklar için depresyon ölçeği

Tüm dünyada yaygın olarak kullanılan "Çocuklar için depresyon ölçeği", Maria Covacs adlı bir araştırmacı tarafından geliştirilmiş ve Dr. Belma Öy tarafından Türkçeye uyarlanmıştır. Yan sayfada verilen bu ölçek, çocuğun depresif belirtilerinin sorgulandığı 26 maddeden oluşmaktadır. Çocuk psikiyatristleri çoğunlukla çocuğun doldurduğu bu ölçeği daha sonra çocukla birlikte yeniden gözden geçirerek daha sağlıklı bilgi alma yoluna giderler.

Çocuklar için depresyon ölçeği

Adı soyadı:	**Tarih:**
Cinsiyeti:	**Okul:**
Doğum tarihi:	**Sınıf:**

Sevgili Öğrenciler,

Aşağıda gruplar halinde bazı cümleler yazılıdır. Her gruptaki cümleleri dikkatlice okuyunuz. Her grup için, bugün dahil son iki hafta içinde size en uygun olan cümlenin yanındaki sayıyı yuvarlak içine alınız.

A) 1- Kendimi arada sırada üzgün hissederim.
2- Kendimi sık sık üzgün hissederim.
3- Kendimi her zaman üzgün hissederim.

B) 1- İşlerim hiçbir zaman yolunda gitmeyecek.
2- İşlerimin yolunda gidip gitmeyeceğinden emin değilim.
3- İşlerim yolunda gidecek.

C) 1- İşlerimin çoğunu doğru yaparım.
2- İşlerimin birçoğunu yanlış yaparım.
3- Her şeyi yanlış yaparım.

D) 1- Birçok şeyden hoşlanırım.
2- Bazı şeylerden hoşlanırım.
3- Hiçbir şeyden hoşlanmam.

E) 1- Her zaman kötü bir çocuğum.
2- Çoğu zaman kötü bir çocuğum.
3- Arada sırada kötü bir çocuğum.

F) 1- Arada sırada başıma kötü bir şeylerin geleceğini düşünürüm.
2- Sık sık başıma kötü bir şeylerin geleceğinden endişelenirim.
3- Başıma çok kötü şeylerin geleceğinden eminim.

G) 1- Kendimden nefret ederim.
2- Kendimi beğenmem.
3- Kendimi beğenirim.

H) 1- Bütün kötü şeyler benim hatam.
2- Kötü şeylerin bazıları benim hatam.
3- Kötü şeyler genellikle benim hatam değil.

I) 1- Kendimi öldürmeyi düşünmem.
2- Kendimi öldürmeyi düşünürüm ama denemem.
3- Kendimi öldürmeyi düşünüyorum.

İ) 1- Her gün içimden ağlamak gelir.
2- Çoğu günler içimden ağlamak gelir.
3- Arada sırada içimden ağlamak gelir

J) 1. Her şey her zaman beni sıkar.
2- Her şey sık sık beni sıkar.
3- Her şey arada sırada beni sıkar.

K) 1- İnsanlarla birlikte olmaktan hoşlanırım.
2- Çoğu zaman insanlarla birlikte olmaktan hoşlanmam.
3- Hiçbir zaman insanlarla birlikte olmaktan hoşlanmam.

L) 1- Herhangi bir şey hakkında karar veremem.
2- Herhangi bir şey hakkında karar vermek zor gelir.
3- Herhangi bir şey hakkında kolayca karar veririm.

M) 1- Güzel / yakışıklı sayılırım.
2- Güzel / yakışıklı olmayan yanlarım var.
3- Çirkinim.

N) 1- Okul ödevlerimi yapmak için her zaman kendimi zorlarım.
2- Okul ödevlerimi yapmak için çoğu zaman kendimi zorlarım.
3- Okul ödevlerimi yapmak sorun değil.

O) 1- Her gece uyumakta zorluk çekerim.
2- Birçok gece uyumakta zorluk çekerim.
3- Oldukça iyi uyurum.

Ö) 1- Arada sırada kendimi yorgun hissederim.
2- Birçok gün kendimi yorgun hissederim.
3- Her zaman kendimi yorgun hissederim.

P) 1- Hemen her gün canım yemek yemek istemez.
2- Çoğu gün canım yemek yemek istemez.
3- Oldukça iyi yemek yerim.

R) 1- Ağrı ve sızılardan endişe etmem.
2- Çoğu zaman ağrı ve sızılardan endişe ederim.
3- Her zaman ağrı ve sızılardan endişe ederim.

S) 1- Kendimi yalnız hissetmem.
2- Çoğu zaman kendimi yalnız hissederim.
3- Her zaman kendimi yalnız hissederim.

T) 1- Birçok arkadaşım var.
2- Birçok arkadaşım var ama daha fazla olmasını isterim.
3- Hiç arkadaşım yok.

U) 1- Okul başarım iyi.
2- Okul başarım eskisi kadar iyi değil.
3- Eskiden iyi olduğum derslerde çok başarısızım.

Ü) 1- Hiçbir zaman diğer çocuklar kadar iyi olamıyorum.
2- Eğer istersem diğer çocuklar kadar iyi olurum.
3- Diğer çocuklar kadar iyi olurum.

V) 1- Kimse beni sevmez.
2- Beni seven insanların olup olmadığında emin değilim.
3- Beni seven insanların olduğundan eminim.

Y) 1- Bana söyleneni genellikle yaparım.
2- Bana söyleneni çoğu zaman yaparım.
3- Bana söyleneni hiçbir zaman yapmam.

Z) 1- İnsanlarla iyi geçinirim.
2- İnsanlarla sık sık kavga ederim.
3- İnsanlarla her zaman kavga ederim.

Beck depresyon ölçeği

Depresyonun bilişsel kuramını oluşturan Beck tarafından hazırlanan ve Türkçe uyarlaması yapılan (Teğin ve arkadaşları, 1980) bu ölçek ergenlerde ve erişkinlerde depresyon tanısı konulmasında oldukça yararlıdır.

Bu bölümün sonundaki ekte yer alan bu ölçek dört seçenekli 21 sorudan oluşmaktadır. Diğer pek çok ölçekte olduğu gibi bu ölçekte yer alan soruların da ergenle birlikte konuşularak gözden geçirilmesi oldukça yararlıdır.

Beck depresyon ölçeği

1. (a) Kendimi üzgün hissetmiyorum.
   (b) Kendimi üzgün hissediyorum.
   (c) Her zaman için üzgünüm ve kendimi bu duygudan kurtaramıyorum.
   (d) Öylesine üzgün ve mutsuzum ki dayanamıyorum.

2. (a) Gelecekten umutsuz değilim.
   (b) Gelecek konusunda umutsuzum.
   (c) Gelecekten beklediğim hiçbir şey yok.
   (d) Benim için gelecek olmadığı gibi durumum hiç düzelmeyecek.

3. (a) Kendimi başarısız görmüyorum.
   (b) Herkesten daha fazla başarısızlıklarım oldu sayılır.
   (c) Geriye dönüp baktığımda pek çok başarısızlığımın olduğunu görüyorum.
   (d) Beni doyuran hiçbir şey yok, her şey çok sıkıcı.

4. (a) Her şeyden eskisi kadar zevk (doyum) alabiliyorum.
   (b) Her şeyden eskisi kadar zevk alamıyorum.
   (c) Artık hiçbir şeyden gerçek bir zevk alamıyorum.
   (d) Bana zevk veren hiçbir şey yok, her şey çok sıkıcı.

5. (a) Kendimi suçlu hissetmiyorum.
   (b) Arada bir kendimi suçlu hissettiğim oluyor.
   (c) Kendimi çoğunlukla suçlu hissediyorum.
   (d) Kendimi her an için suçlu hissediyorum.

6. (a) Cezalandırılıyormuşum gibi duygular içinde değilim.
   (b) Sanki, bazı şeyler için cezalandırabilirmişim gibi duygular içindeyim.
   (c) Cezalandırılacakmışım gibi duygular yaşıyorum.
   (d) Bazı şeyler için cezalandırılıyorum.

7.	(a)	Kendimi hayal kırıklığına uğratmadım.
	(b)	Kendimi hayal kırıklığına uğrattım.
	(c)	Kendimden hiç hoşlanmıyorum.
	(d)	Kendimden nefret ediyorum.

8.	(a)	Kendimi diğer insanlardan daha kötü durumda görmüyorum.
	(b)	Kendimi zayıflıklarım ve hatalarım için eleştiriyorum.
	(c)	Kendimi hatalarım için her zaman suçluyorum.
	(d)	Her kötü olayda kendimi suçluyorum.

9.	(a)	Kendimi öldürmek gibi düşüncelerim yok.
	(b)	Bazen, kendimi öldürmeyi düşünüyorum ama böyle bir şeyi yapamam.
	(c)	Kendimi öldürebilmeyi çok isterdim.
	(d)	Eğer bir fırsatını bulursam kendimi öldürürüm.

10.	(a)	Herkesten daha fazla ağladığımı sanmıyorum.
	(b)	Eskisine göre şimdilerde daha çok ağlıyorum.
	(c)	Şimdilerde her an ağlıyorum.
	(d)	Eskiden ağlayabilirdim, şimdilerde istesem de ağlayamıyorum.

11.	(a)	Eskisine göre daha sinirli ya da tedirgin sayılmam.
	(b)	Her zamankinden biraz daha tedirginim.
	(c)	Çoğu zaman sinirli ve tedirginim.
	(d)	Şimdilerde her an tedirgin ve sinirliyim.

12.	(a)	Başkalarına karşı ilgimi kaybettim.
	(b)	Eskisine göre başkalarıyla daha az ilgiliyim.
	(c)	Başkaların karşı ilgimin çoğunu kaybettim.
	(d)	Başkalarına karşı hiç ilgim kalmadı.

13. (a) Eskisi gibi rahat ve kolay kararlar verebiliyorum.
(b) Eskisine göre, şimdilerde karar vermeyi daha çok erteliyorum.
(c) Eskisine göre, karar vermekte çok güçlük çekiyorum.
(d) Artık hiç karar veremiyorum.

14. (a) Eskisinden daha kötü bir dış görünüşüm olduğunu sanmıyorum.
(b) Sanki yaşlanmış ve çekiciliğimi kaybetmişim gibi düşünüyor ve üzülüyorum.
(c) Dış görünüşümde artık değiştirilmesi olanağı olamayan ve beni çirkinleştiren değişiklikler olduğunu hissediyorum.
(d) Çok çirkin olduğumu düşünüyorum.

15. (a) Eskisi kadar iyi çalışabiliyorum.
(b) Bir işe başlayabilmek için eskisine göre daha fazla çaba harcıyorum.
(c) Ne iş olursa olsun, yapabilmek için kendimi çok zorluyorum.
(d) Hiç çalışamıyorum.

16. (a) Eskisi kadar kolay ve rahat uyuyabiliyorum.
(b) Şimdilerde eskisi kadar kolay ve rahat uyuyabiliyorum.
(c) Eskisine göre bir iki saat erken uyanıyor ve tekrar uyumakta güçlük çekiyorum.
(d) Eskisine göre çok erken uyanıyor ve tekrar uyuyamıyorum.

17. (a) Eskisine göre daha çabuk yorulduğumu sanmıyorum.
(b) Eskisinden daha çabuk ve kolay yoruluyorum.
(c) Şimdilerde neredeyse her zaman kolay ve çabuk yoruluyorum.
(d) Artık hiçbir şey yapamayacak kadar yoruluyorum.

18.	(a) İştahım eskisinden pek farklı değil.	
	(b) İştahım eskisi kadar iyi değil.	
	(c) Şimdilerde iştahım bir hayli kötü.	
	(d) Artık hiç iştahım yok.	

19.	(a) Son zamanlarda pek fazla kilo kaybettiğimi sanmıyorum.	
	(b) Son zamanlarda istemediğim halde iki buçuk kilodan fazla kaybettim.	
	(c) Son zamanlarda beş kilodan fazla kaybettim.	
	(d) Son zamanlarda yedi buçuk kilodan fazla kaybettim.	

20.	(a) Sağlığım beni pek endişelendirmiyor.	
	(b) Son zamanlarda ağrı, sızı, mide bozukluğu, kabızlık gibi sıkıntılarım var.	
	(c) Ağrı, sızı gibi bu sıkıntılarım beni epey endişelendirdiği için başka şeyleri düşünmek zor geliyor.	
	(d) Bu tür sıkıntılar beni öylesine endişelendiriyor ki, artık başka bir şey düşünmüyorum.	

21.	(a) Son zamanlarda cinsel yaşantımda değişen bir şey yok.	
	(b) Eskisine göre cinsel konularla daha az ilgileniyorum.	
	(c) Şimdilerde cinsellikle pek ilgili değilim.	
	(d) Artık, cinsellikle hiçbir ilgim kalmadı.	

Çocuklar için "Turgay" depresyon ölçeği

Prof. Dr. Atilla Turgay tarafından oluşturulmuş olan bu ölçek anne babalar tarafından çocuklarının depresyonunun değerlendirilmesi amacıyla hazırlanmış ve Dr. Aynur Pekcanlar tarafından Türkçeye çevrilmiştir. Depresyon tanısı konulan çocuk ve ergenlerde sık görülen depresif belirtilerin yer aldığı bu ölçekte depresyonla birlikte sık olarak görülen duygu ve davranışlar da sorgulanmaktadır. Birçok araştırmada çocuklar ve ergenlerde depresyonu değerlendirmede yararlı olduğu gösterilen bu ölçek de aşağıda verilmiştir.

Anne babalar için çocuk ve gençlerde depresyon belirtileri ölçeği

Soyadı, adı: **Cinsiyeti:** **Yaşı:** **Tarih:**
Belirtilen görülme süresi:
Klinik tanı (DSM-IV)

Sorunlar	**Hiç yok**	**Biraz**	**Bir hayli**	**Çok fazla**
1. Depresyon duygusu (üzüntü, neşesizlik, karamsarlık, çöküntü)	0	1	2	3
2. Öfke duygusu, kolayca öfkelenme (irritabilite)	0	1	2	3
3. Saldırgan davranış (vurma, tekmeleme, eşyalara zarar verme, fiziksel olarak insanları incitme)	0	1	2	3
4. Günlük etkinliklerde ilgi ve memnuniyetin azalması	0	1	2	3
5. Heyecan, neşe ve mutlulukta azalma	0	1	2	3
6. Uykuya dalmada güçlük	0	1	2	3
7. Uykunun bölünmesi	0	1	2	3
8. Uyku artışı	0	1	2	3
9. Sinirlilik, yerinde duramama, gerginlik ve gevşeyip rahatlayamama	0	1	2	3
10. Düşünmede yavaşlama	0	1	2	3
11. Çevrede ne olup bittiğini anlayamama	0	1	2	3
12. Kolayca şaşkınlığa uğrama	0	1	2	3
13. Yorgunluk, enerji azalması	0	1	2	3
14. Değersizlik duyguları	0	1	2	3

15. Suçluluk hissi	0	1	2	3
16. Duygularını hissetmekte güçlük çekme	0	1	2	3
17. Karar vermede güçlük çekme	0	1	2	3
18. İntihar düşünceleri	0	1	2	3
19. İntihar girişimi ya da kendini incitme	0	1	2	3
20. Okul, iş başarısı ve etkinliğinde azalma	0	1	2	3
21. Kendine yönelik kızgınlık	0	1	2	3
22. Kendine yönelik nefret	0	1	2	3
23. Kendi vücudundan hoşlanmama	0	1	2	3
24. Çirkinlik ya da kendini çekici bulmama	0	1	2	3
25. Başkalarıyla konuşmada azalma	0	1	2	3
26. Gelecek hakkında kötü duygular besleme	0	1	2	3
27. Ümitsizlik (bazı şeylerin daha iyiye gitmeyeceği duygusu)	0	1	2	3
28. Kötü birisi olduğu duygusu	0	1	2	3
29. Olmayan sesler işitme (işitsel halüsinasyon)	0	1	2	3
30. Olmayan şeyler görme (görsel halüsinasyon)	0	1	2	3
31. İştah azalması	0	1	2	3
32. Kilo kaybı	0	1	2	3
33. Kilo artışı	0	1	2	3
34. Okula devamlılığın azalması (gitmeyi reddetme)	0	1	2	3

35. Cinselliğe ve cinsel etkinliklere ilginin azalması	0	1	2	3
36. Karşı cinse olan ilginin azalması	0	1	2	3
37. Konsantre olma ve dikkati sürdürmede güçlük çekme	0	1	2	3
38. Konuşmada yavaşlama	0	1	2	3
39. Eğlenme kapasitesinde azalma	0	1	2	3
40. Üzgün görünümlü yüz	0	1	2	3
41. Çok fazla, ağlayacak gibi olma	0	1	2	3
42. Yalnızlık hissetme	0	1	2	3
43. Sevilmediği duygusunu taşıma	0	1	2	3
44. Hayattan fazla beklentisi olmama	0	1	2	3
45. Gülünç şeylere gülememe	0	1	2	3
46. Aile üyeleriyle ilişkinin azalması	0	1	2	3
47. Arkadaşlarla ilişkinin azalması	0	1	2	3
48. Ağrı ve sancı	0	1	2	3
49. Vücut ve vücut fonksiyonlarıyla ilgili şikâyetler (kabızlık, hazımsızlık)	0	1	2	3
50. Benlik saygısında azalma	0	1	2	3
51. Yalnızlık, içe kapanma	0	1	2	3
52. Can sıkıntısı	0	1	2	3
53. Oynamada azalma	0	1	2	3
54. TV seyretmede azalma	0	1	2	3
Toplam puan				
Depresyon ciddiyeti				

Çocuklar ve ergenler için "Ercan" depresyon ölçeği

Dr. Eyüp Sabri Ercan tarafından anne babalar ve ergenler için hazırlanmış olan bu ölçekler aşağıda verilmiştir. Diğer birçok ölçek gibi bu ölçek de depresyon tanısına yardımcı olabilmekte ve tedavi sırasındaki gelişmeleri değerlendirmede son derece yararlı olmaktadır.

Çocuklar için "Ercan" depresyon ölçeği

Aşağıdaki soruları çocuğunuzun son bir ay içerisindeki durumunu göz önüne alarak yanıtlayınız.

Soyadı, adı: **Cinsiyeti:** **Yaşı:** **Tarih:**

	Yok	Biraz	Fazla	Çok fazla
1. Çocuğum "of sıkıldım" sözünü sık olarak kullanır.				
2. Çocuğum gergin ve huzursuzdur.				
3. Çocuğum kendisini üzüntülü ya da boşlukta hisseder.				
4. Çocuğum annesiyle ya da aile bireyleriyle çok sık tartışır, ağız dalaşına girer.				
5. Çocuğum eskisine göre daha fazla söz dinlemez oldu, anne babaya karşı geliyor.				
6. Çocuğum eskiden zevk aldığı şeylerden zevk almıyor ya da eskisi kadar hoşlanmıyor.				

7. Çocuğumda eskisine göre daha fazla sinirlilik ya da öfke patlamaları oluyor.				
8. Çocuğum eskiye oranla daha fazla yemek seçiyor, yemek konusunda mızmızlanıyor ya da sorun çıkarıyor.				
9. Çocuğumda iştah değişiklikleri var, eskisine oranla daha az ya da daha fazla yemek yiyor.				
10. Çocuğumun uyku alışkanlığında değişiklikler var (yalnız uyumama, huzursuz uyuma, uykuya dalmadan önce ya da uyku sırasında korkma, geceleri sık sık kötü rüyalar gördüğünü söyleme gibi).				
11. Çocuğum eskiye oranla daha geç uyumak istiyor.				
12. Çocuğum eskiye oranla sabahları daha sinirli kalkıyor.				
13. Çocuğum anne babayı bağırtana kadar uğraşıyor, anne babada tükenmişlik hissi uyandırıyor.				
14. Çocuğum ölümden veya kendini öldürmekten söz ediyor ya da "kaçıp gideceğim buradan" gibi sözler söylüyor.				
15. Çocuğumda aşırı alınganlık var, ne söylesek kızıyor.				
16. Çocuğum sık sık ve basit şeyler için ağlıyor.				

17. Çocuğumun derse ilgisinde azalma var.				
18. Çocuğumun kendine güveninde düşüş var, her işe "ben yapamam, ben beceremem" diyerek başlıyor.				
19. Çocuğumun ders başarısında eskiye göre düşüş var.				
20. Çocuğum evde kimsenin onu sevmediğinden ya da kardeşinin kendisinden çok daha fazla sevildiğinden söz ediyor.				
21. Çocuğum genelde haylaz çocuklarla arkadaşlık ediyor.				
22. Çocuğum artık hiçbir şeyden mutlu olmuyor.				
23. Çocuğum evde bizimle olmak istemiyor, yalnız başına odasına çekilmek istiyor.				
24. Çocuğumun giyim alışkanlıklarında değişiklik var; daha çok siyah renkleri tercih ediyor.				
25. Çocuğum evde hiç durmak istemiyor, sürekli biçimde arkadaşlarıyla olmak istiyor.				
26. Çocuğum sürekli olarak bizim onu anlamadığımızdan şikâyet ediyor.				
27. Çocuğum sürekli olarak bizim geri kafalı olduğumuzu söylüyor ya da bizim öyle olduğumuzu hissettiriyor				

Ergenler için "Ercan" depresyon ölçeği

Aşağıdaki soruları son bir ay içerisindeki duygusal durumunuzu göz önüne alarak yanıtlayınız.

Soyadı, adı: **Cinsiyeti:** **Yaşı:** **Tarih:**

	Yok	Biraz	Fazla	Çok fazla
1. Bugünlerde çok sinirliyim.				
2. Bugünlerde kendimi mutsuz hissediyorum.				
3. Bugünlerde evdekilerle çok tartışıyorum.				
4. Bugünlerde derslere ilgimi çok kaybettim.				
5. Bugünlerde ders notlarım düştü.				
6. Bugünlerde hiçbir şey beni mutlu etmiyor.				
7. Evde ya da odamda yalnız kalmak istiyorum.				
8. Geceleri uykuya dalmakta zorlanıyorum.				
9. Bugünlerde eskisine göre gece daha geç uyuyorum.				
10. Eskisine göre daha alınganım.				
11. Eskisine göre sabahları daha sinirli kalkıyorum.				
12. Son günlerde "ölsem de kurtulsam" dediğim oluyor.				
13. Kendimi boşlukta hissediyorum.				
14. Kendimi suçlu hissediyorum.				
15. Gelecek için umutsuzum.				

Çocuk ve ergenlerde depresyon konusunda bilgi edinmek için önerdiğimiz internet siteleri

National Institute of Mental Health (ABD Ulusal Ruh Sağlığı Enstitüsü)
www.nimh.nih.gov

American Academy of Child and Adolescent Psychiatry (ABD Çocuk ve Ergen Psikiyatrisi Akademisi)
www.aacap.org

American Psychiatric Association (Amerikan Psikiyatri Birliği)
www.psych.org

American Psychological Association (Amerikan Psikoloji Birliği)
www.apa.org

Child & Adolescent Bipolar Foundation (Çocuk ve Ergen Bipolar Bozukluk Vakfı)
www.bpkids.org

Depression & Bipolar Support Alliance (Depresyon ve Bipolar Bozukluk Destek Grubu)
www.DBSAlliance.org

Kaynakça

American Academy of Child and Adolescent Psychiatry, "Practice parameters for the assessment and treatment of children and adolescents with depressive disorders", *Journal of the American Academy of Child and Adolescent Psychiatry*, 37/10, s. 63-83, American Academy of Child and Adolescent Psychiatry, 1998.

"Practice parameters for the assessment and treatment of children and adolescents with suicidal behavior", *Journal of the American Academy of Child and Adolescent Psychiatry*, 40/7, s. 24-51, American Academy of Child and Adolescent Psychiatry, 2001.

American Academy of Pediatrics, *Classification of Child Adolescent Mental Diagnoses in Primary Care / Diagnostic and Statistical Manual for Primary Care Child and Adolescent Version*, s. 153-160, American Academy of Pediatrics, Elk Grove Village, Illions, 1996.

American Psychiatric Association, "Bipolar Disorders", *Diagnostic and Statistical Manual of Mental Disorders*, 4. baskı, s. 382-397, American Psychiatric Association, Washington, 2000.

"Seasonal pattern section of Mood disorders", *Diagnostic and Statistical Manual of Mental Disorders*, 4. baskı, s. 425-427, American Psychiatric Association, Washington, 2000.

Anderson, J. C.; McGee, R., "Comorbidity of depression in children and adolescents", *Handbook of Depression in Children and Adolescents* (Reynolds, W. M.; Johnson, H. F.), s. 581-601, Plenum Publishing Corporation, New York, 1994.

Ascherman, L. I., "Mental development and behavioral disorders", *Current Pediatric Therapy* (F. D., Burg; R. A., Polin; A.

A., Gershon; J. I., Ingelfinger), 18. baskı, s. 1213-1219, W. B. Saunders Company, Philadelphia, 2006.

Birmaher, B.; Brent, D. A.; Benson, R. S., "Summary of the practice parameters for the assessment and treatment of children and adolescent with depressive disorders", *Journal of the American Academy of Child and Adolescent Psychiatry*.

"Clinical outcomes after short-term psychotherapy for adolescents with major depressive disorder", *Archives of General Psychiatry*, 57/1, s. 29-36, 2000.

Borillo, C. M.; Boris, N. W., "Mood disorders", *Nelson Textbook of Pediatrics* (Behrman, R. E.; Jenson, H. B.; Kliegman, R. M.; Stanton, B. F.), 17. baskı, s. 84-85, W. B. Saunders Company, Philadelphia, 2004.

Brent, D. A., "A clinical psychotherapy trial for adolescent depression comparing cognitive, family and supportive therapy", *Archives of General Psiychiatry*, 54/9, s. 877-885, 1997.

"Predictors of treatment efficacy in a clinical trial of three psychosocial treatments for adolescent depression", *Journal of the American Academy of Child Adolescent Psychiatry*, 37/9, s. 906-914, 1998.

Brent, D. A.; Baugher, M.; Bridge, J.; Chen, T.; Chiappetta, L., "Age and sex-related risk factors for adolescent suicide", *Journal of the American Academy of Child Adolescent Psychiatry*, 38, s. 1497-1505, 1999.

Brent, D. A.; Birmaher, B., "Adolescent depression", *New England Journal of Medicine*, 347/9, s. 667-671, 2002.

Butler, R., "Depressive disorders", *Clinical Evidence*, 14, s. 1-41, 2005.

Clarke, G. N., "A randomized trial of a group cognitive intervention for preventing depression in adolescent offspring of depressed parents", *Archives of General Psychiatry*, 58/12, s. 1127-1134, 2001.

Committee on Children with Disabilities, "Counseling families who choose complementary and alternative medicine for their child with chronic illness or disability", *Pediatrics*, 107/3, s. 598-601, American Academy of Pediatrics, 2001.

Compton, M. T.; Nemeroff, C. B., "Depression and bipolar disorder", *ACP Medicine* (D. C., Dale; D. D., Federman), 13/2, WebMD, New York, 2006.

Dahl, R. E.; Brent, D., "Affective disorders and suicide", *Rudolph's Pediatrics*, (C. D., Rudolph), 21. baskı, s. 501-503, Mc-Graw-Hill, New York, 2003.

"Depression and suicide in children and adolescents", *Mental Health: A Report of the Surgeon General*. İnternet adresi: http://www.mentalhealth.org/features/surgeoongeneralreport/chapter3/sec5.asp.

Dulcan, M. K.; Martini, D. R., "Mood disorders section of Adult disorders that may begin in childhood or adolescence", *Concise Guide to Child and Adolescent Psychiatry*, 3. baskı, s. 129-177, American Psychiatric Publishing, Washington, 2003.

Ercan, E. S., "İntihar girişiminde bulunmuş ergenlerin psikiyatrik değerlendirilmesi", *Psikiyatri Bülteni*, 4/3, s. 124-128, 1996.

Ercan, E. S.; Varan, A.; Aydın, C., "İntihar girişiminde bulunan ergenlerde sosyodemografik, psikiyatrik ve ailesel özelliklerin araştırılması", *Çocuk ve Gençlik Ruh Sağlığı Dergisi*, 7/2, s. 81-91, 2000.

Ercan, E. S.; Veznedaroğlu, B.; Aydın, C., "Çocuklarda ve ergenlerde antidepresan kullanımı", *Depresyon*, 1/2, s. 64-71, 1996.

Garber, J.; McCauley, E., "Prevention of depression and suicide in children and adolescents", *Child and Adolescent Psychiatry* (Lewis, M.), 3. baskı, s. 805-821, Lippincott Williams and Wilkins, Philadelphia, 2002.

Garrison, C. Z.; Waller, J. L.; Cuffee, S. P.; McKeown, R. E.; Addy, C. L.; Jackson, K. L., "Incidence of major depressive disorder and dysthymia in young adolescents", *Journal of the American Academy of Child Adolescent Psychiatry,* 36, s. 458-465, 1997.

Harrington, R.; Whittaker, J.; Shoebridge, P., "Psychologial treatment of depression in children and adolescents", *British Journal of Psychiatry*, 173, s. 291-298, 1998.

Hazell, P., "Depression in children and adolescents", *Clinical Evidence*, 14, s. 1-16, 2005.
"Tricyclic drugs for depression in children and adolescents", *Cochrane Database of Systematic Reviews*, 1, Update Software, Oxford, 2006.

Kaplan, D. W.; Love-Osborne, K., "Adolescence", *Current Pediatric Dşagnostic and Treatment* (W. W., Hay), 17. baskı, s. 102-197, Lange Medical Books/McGraw-Hill, New York, 2005.

Kessler, R. C.; Walters, E. E., "Epidemiology of DSM-III-R major depression and minor depression among adolescents and young adults in the National Comorbidity Survey", *Depress Anxiety*, 7, s. 2-14, 1998.

Klein, D. N., "A family study of major depressive in a community sample of adolescents, *Archives of General Psychiatry*, 58/1, s. 13-20, 2001.

Lewinsohn, P. M.; Clarke, G. N.; Seeley, J. R.; Rohde, P., Major depression in community adolescents", *Journal of the American Academy of Child Adolescent Psychiatry*, 33, s. 809-818, 1994.

Lewinsohn, P. M.; Rohde, P.; Klein, D. N.; Seeley, J. R.; "Natural course of adolescent major depressive disorder", *Journal of the American Academy of Child Adolescent Psychiatry*, 38, s. 56-63, 1999.

Lewinsohn, P. M.; Rohde, P.; Klein, D. N.; Seeley, J. R.; Gotlib, I. H., *Journal of the American Academy of Child Adolescent Psychiatry*, 157, s. 1584-1591, 2000.

March, J. S. ve diğerleri, "Fluoxetine, cognitive-behavioral therapy and their combination for adolescents with depression: Treatment for Adolescents With Depression Study (TADS), Randomized Controlled Trial", *JAMA*, 292/7, s. 807-820, 2004.

Martin, A. ve diğerleri, "Pharmacotherapy of early onset depression", *Child and Adolescent Psychiatric Clinics of North America*, 9/1, s. 135-157, 2000.

Miller, J. A., *Çocuklarda Depresyon*, Özgür Yayınları, İstanbul.

National Institute of Mental Health, "Child and Adolescent Bipolar Disorder: an Update from the National Institute of Mental Health", 2000.

"Depression in children and adolescents: a fact sheet for physicians", No: 00-4744, NIH Publication, 2000.

Pataki, C. S., "Mood disorders and suicide in children and adolescents", *Kaplan & Sadock's Comprehensive Textbook of Psychiatry* içinde, 2. cilt, s. 2740-2757, 2000.

Rao, U. ve diğerleri, "Factors associated with the development substance use disorders in depressed adolescents", *Journal of the American Academy of Child Adolescent Psychiatry*, 38/9, s. 1109-1117, 1999.

Reanaud, J. ve diğerleri, "A risk-benefit assessment of pharmacotherapies for clinical depression in children and adolescents", *Drug Safety*, 20/1, s. 59-75., 1999.

Rhode, P.; Lewinsohn P. M.; Seeley, J. R., "Comorbidity of unipolar depression", *Journal of Abnormal Psychology*, 100, s. 214-222, 1991.

Rice, F.; Harold, G.; Thapar, A., "The genetic aetiology of childhood depression: a review", *Journal of Child Psychology and Psychiatry*, 43, s. 65-79, 2002.

Ryan, N. D., "Dianosing pediatric depression", *Biological Psychiatry*, 49, s. 1050-1054, 2001.

Saluja, G. ve diğerleri, "Prevalence of and risk factors for depressive symptoms among young adolescents", *Archives of Pediatric and Adolescent Medicine*, 158/8, s. 760-765, 2004.

Shaffer, D., "Depressive disorders and suicide in children and adolescents", *Kaplan & Sadock's Comprehensive Textbook of Psychiatry* (Sadock, B. J.; V. A., Sadock), 8. baskı, cilt 2, s. 3262-3274, 2005.

Shaffer, D.; Fisher, P.; Dulcan, M. K.; Davies, M.; Piacentini, J.; Schwab-Stone, M. E.; Lahey, B. B.; Bourdon, K.; Jensen, P. S.; Bird, H. R.; Canino, G.; Regier, D. A., "The NIMH Diagnostic Interview Schedule for Children Version 2.3", *Journal of the American Academy of Child Adolescent Psychiatry*, 35, s. 865-877, 1996.

Shaffer, D.; Waslick B. D., *The Many Faces of Depression in Children and Adolescents*, American Psychiatric Publishing Inc., Washington, 2002.

Swedo, S. A.; Leonard, H. L., *Çocuktur, Geçer!*, Epsilon Yayıncılık, İstanbul, 2000.

Taieb, O. ve diğerleri, "Adolescents experiences with ECT", *Journal of the American Academy of Child Adolescent Psychiatry*, 39, s. 943-944, 2000.

Turgay, A., "Çocuk ve ergenlerde intihar girişimleri", *Türk Psikiyatri Dergisi*, 3/3, s. 183-189, 1992.

Turgay, A.; Zafaar, M.; Ansari, R.; Ercan, E. S., "Gender differences in child and adolescent generalized anxiety disorder", American Psychiatric Association 156, Annual Meeting, San Francisco, 2003.

Weller, E. B. ve diğerleri, "Depressive disorders in children and adolescents", *Child and Adolescent Psychiatry*, 3. baskı, s. 767-781, Lippincott Williams and Wilkins, Philadelphia, 2002.

Prof. Dr. Eyüp Sabri Ercan

1993 yılında Ege Üniversitesi Tıp Fakültesi'nden mezun oldu ve aynı yıl Ege Üniversitesi Tıp Fakültesi Çocuk Psikiyatrisi Anabilim Dalı'nda uzmanlık eğitimine başladı. 1995 yılında Amerika Birleşik Devletleri Tıp Bilimleri Sınavları'nı (United States Medical License Exam [USMLE]) kazandı. 1997 yılında uzmanlık eğitiminin bir bölümünü Kanada'da sürdürdü. İlk basımı 1999 yılında yapılan *Dikkat Eksikliği Hiperaktivite Bozukluğu* adlı kitabı 2007 yılında 16. basıma ulaştı. Aynı konudaki ikinci kitabı 2008 yılı şubat ayında Doğan Kitap tarafından yayımlandı ve haziran 2008'de bu kitabın 3. baskısı yapıldı. 2000 yılında Türk Psikiyatri Derneği İzmir Şubesi'nin, 2002 yılında *Türkiye Çocuk ve Genç Ruh Sağlığı Dergisi*'nin, 2003 yılında Dikkat Eksikliği Hiperaktivite Bozukluğu Derneği'nin en iyi araştırma ödüllerine ve 2008 yılında Türkiye Çocuk ve Genç Ruh Sağlığı Derneği'nin en iyi araştırma projesi ödülüne değer görüldü. Dr. Ercan 2007 yılı Asya Aile Araştırmaları Derneği ödülüne aday gösterildi. Dünyadaki en önemli çocuk psikiyatrisi dergilerinden biri olan *Journal of Child Psychology and Psychiatry*'nin hakemlerinden olan Dr. Eyüp Sabri Ercan 17 ocak 2007 tarihinden beri Dünya Psikiyatri Birliği Dikkat Eksikliği Hiperaktivite Bozukluğu Komisyonu üyesidir.

Prof. Dr. Atilla Turgay

Kanada Toronto Üniversitesi Tıp Fakültesi'nde öğretim üyesi ve Toronto Ruh Sağlığı Merkezi direktörüdür. Prof. Turgay tıp, psikiyatri ve çocuk psikiyatrisi alanlarındaki öğretim üyeliği görevlerini Kanada ile Amerika Birleşik Devletleri'nin (ABD) değişik üniversite ve araştırma merkezlerinde sürdürdü. ABD'nin Michigan eyaletinde bulunan Wayne State Üniversitesi Psikiyatri Eğitimi başkanı ve Lafayette Kliniği'nde Çocuk Psikiyatrisi Ana Bilim Dalı başkanı olarak çalıştı, ayrıca Michigan State Üniversitesi ile New York Medical College'de araştırmalar yaptı ve eğitimini geliştirdi. Ottawa Üniversitesi'nde Çocuk Psikiyatrisi Ana Bilim Dalı başkanlığı ve Ottawa Çocuk Hastanesi'nde Psikiyatri Bilim Dalı başkanlığı yaptı. Michigan eyaletinin "en iyi psikiyatrik hizmet" ve Dünya Çocuk Psikoterapi Örgütü'nün "yaşam boyu en iyi hizmet" ödüllerini aldı. Scarborough Hastanesi'nin "en iyi araştırma ve hizmet" ödülüne de değer görülen Prof. Turgay'ın "dikkat eksikliği hiperaktivite bozukluğu"yla birlikte bulunan hastalıklar konusundaki çalışması, Amerikan Çocuk ve Gençlik Psikiyatri Derneği'nin en iyi araştırmalarından birisi olarak seçildi. 2008 yılında Strattera'nın uzun süreli etkinliği ve güvenilirliği üzerinde Dr. Weiss'le yapılan bir çalışmada Prof. Turgay ile arkadaşları Kanada Çocuk Psikiyatrisi Kongresi'nin araştırma ödülünü aldılar. Prof. Turgay on iki uluslararası ilaç araştırması fonuyla yürüttüğü çalışmalarda sekiz ilacın etkinliği ve güvenilirliği konusunda katkılarda bulundu. Çocuk oyun ve psikoterapisi, aile tedavisi, dikkat eksikliği hiperaktivite bozukluğu, çocukluk depresyonu ve intiharları konularındaki yayınları birçok ders kitabında kaynak olarak gösterilen Prof Dr. Turgay'ın İngilizce ve Türkçede yüzlerce yayını vardır. Prof. Dr. Sunar Birsöz'le birlikte *Psikiyatride İlaç Tedavisi* kitabını yayımlamıştır. Çocuk ruh sağlığı alanındaki hastalıkların tanısına yararlı ölçütler geliştirmiş, bunların Türkçeye uyarlamalarını yapmıştır. Yirmi altı yıldır Kuzey Amerika'da yaşamasına rağmen ülkesinden hiçbir şekilde kopmamış olan Prof. Turgay'ın Türkiye'deki bilimsel toplantılarda, TV ve radyolarda çok sayıda etkinlikleri bulunmaktadır. Prof. Turgay Türkçede yayımlanan *Bebeklikten Erişkinliğe Dikkat Eksikliği Hiperaktivite Bozukluğu* kitabının iki yazarından biridir. 2008 yılında Kanada Dikkat Eksikliği Hiperaktivite Bozukluğu (DEHB) Örgütü, Prof. Turgay'ın ekip başkanlığı altında *Kanada DEHB Tanı ve Tedavi Kılavuzu* kitabını yayımlamıştır.

Bu kitabın yazarları Prof. Dr. Eyüp Sabri Ercan ve Prof. Dr. Atilla Turgay tanıştıkları 1995 yılından beri yurtiçindeki ve yurtdışındaki toplantılarda bir araya gelerek çeşitli çalışmalar yapmaktadırlar.